KLEINE FAHRRAD-AUSZEITEN
IN

-OBERBAYERN-

KLEINE FAHRRAD-AUSZEITEN IN

-OBERBAYERN-

WOCHENEND & RADELGLÜCK

TOUREN · HIGHLIGHTS · ÜBERNACHTUNGSTIPPS

BERNHARD IRLINGER

BRUCKMANN

INHALT

In der bezaubernden Altstadt von Landsberg

GENUSS AM FUSS DER ALPEN

Mit dem Fahrrad durch das südliche Oberbayern

Im Starnberger See spiegelt sich der blaue Himmel.

Das südliche Oberbayern begeistert mit einer Landschaft, die verschiedene Facetten zu einem harmonischen Gesamtbild vereint. Sattgrüne Wiesen, dunkle Wälder und blaue Seen werden von sanften Hügeln und hohen Bergen eingerahmt. Diese Naturschönheiten werden aufs Vortrefflichste ergänzt durch malerische Dörfer, zwiebelturmgekrönte Kirchen und Klöster sowie altehrwürdige Städte.

Das oberbayerische Alpenvorland, das vom Lech im Westen bis zur Salzach im Osten reicht, setzt sich aus einem Puzzle unterschiedlicher, historisch gewachsener Gebiete zusammen. Ein Wochenendausflug führt uns nach Landsberg ins Lechrain, das die Grenze zu Schwaben markiert. Weiter geht es in den beschaulichen Pfaffenwinkel, der seinen Namen den zahlreichen Kirchen und Klöstern verdankt. Die stillen Runden führen uns hier an vielen Teichen vorbei, die einst die Mönche in den Fastenzeiten mit Fisch versorgten. Südlich davon liegt das Blaue Land, das seinen Namen den Lichtstimmungen verdankt, die vor 100 Jahren berühmte expressionistische Maler anzogen. Touren im Fünfseenland, der Badewanne der Münchner mit ihren kleinen und großen Seen, dürfen natürlich nicht fehlen. Anschließend erkunden wir im Tölzer Land und im Bayerischen Oberland die Täler von Isar und Mangfall und dringen von Miesbach aus in die Bergwelt des Mangfallgebirges vor.

INNTAL, CHIEMGAU UND RUPERTIWINKEL

Die Mangfall leitet uns dann auch weiter Richtung Inn. Angenehme Wege führen uns durch die sanfte Landschaft rund um Bad Aibling, die uns herrliche Blicke bis hin zu den Alpen gewährt. Und innabwärts bietet uns Wasserburg mit seiner wundervollen mittelalterlichen Altstadt einen eindrucksvollen Ausgangspunkt für zwei recht anspruchsvolle Touren. Nun ist es nicht mehr weit zum Bayerischen Meer, dem herrlichen Chiemsee, der das Herz des Chiemgaus bildet. Von seinen Ufern führen uns stille Wege zu zahlreichen kleinen Seen und zu sehenswerten Klöstern. Die Chiemgaumetropole Traunstein ist Ausgangspunkt für zwei Touren mit ganz unterschiedlichem Charakter. Die eine führt uns durch die Täler der Traun in die Bergwelt der Chiemgauer Alpen, die andere rund um den wundervollen Waginger See, der als einer der wärmsten Badeseen in Oberbayern gilt. Er liegt schon im Rupertiwinkel, der bis vor 200 Jahren zu Salzburg gehörte. Die Salzach umspült hier den alten Handelsort Laufen. Eine Tour führt uns von dort durch beschauliche Moorlandschaften, eine zweite an der Salzach entlang nach Tittmoning mit dem herrlichen Stadtplatz, der von einer mächtigen Burg überragt wird.

OBERBAYERN MIT DEM RAD – STRESSFREI

Die Schönheit des oberbayerischen Alpenvorlandes ist schon lange weit über die Grenzen Bayerns hinaus bekannt. Wahre Besuchermassen überfluten an sonnigen Tagen die bekanntesten Ausflugsziele und so manch genervter Ausflügler verbringt gefühlt mehr Zeit im Stau oder bei der Parkplatzsuche als in der Natur. Um diesen Stress zu vermeiden, bietet dieses Buch zwei Strategien an.

Zum einen werden Touren beschrieben, die meist abseits der Hauptrouten liegen und auch die weniger bekannten Schönheiten der Region auf dem Programm haben. So kann man jenseits der großen Touristenströme stille Moore, einsame Seen oder weniger bekannte Kirchen und Klöster besuchen. Und zum Zweiten sind zu jedem der dreizehn beschriebenen Standorte zwei Touren angegeben. Mit einer Übernachtung können so verschiedene Ziele angesteuert werden. Man kann abends die Tour gemütlich ausklingen lassen und dabei in aller Ruhe die Orte erkunden. Die Ausgangspunkte sind allesamt für sich selbst eine Sehenswürdigkeit und bieten meist genug Abwechslung und Sehenswürdigkeiten, um dort mindestens einen weiteren Tag zu verbringen. Wenn die Tagesausflügler im Rückreisestress sind, sitzt man selbst gemütlich in einem der zahllosen schönen Gasthöfe und erholt sich in aller Ruhe von den Anstrengungen der Tour, lässt die Eindrücke des Tages Revue passieren und genießt die Vorfreude auf den nächsten Radtag.

DAS BESTE FÜR DIE REGION

Von einem Radelwochenende profitiert man durch den vermiedenen Stress nicht nur selbst, sondern auch die Umwelt wird es einem danken. Mit einer Übernachtung zwischen zwei Radeltagen halbiert man die Anfahrtskilometer und die damit verbundene Umweltbelastung. Und wer es besonders gut mit der Natur meint, der erreicht alle Ausgangsorte

▲ An den wundervollen Osterseen ◀ Gut ausgeschildert geht's durchs Alpenvorland. ▶ Abseits der Straßen ist Radfahren am schönsten.

auch bequem mit der Bahn. Die Übernachtungskosten kann man so mit den Kosten der reduzierten Bahnfahrten verrechnen und die teils etwas komplizierte Anreise lohnt sich doppelt. Und nicht zuletzt profitieren auch die bereisten Regionen, die so manches Mal unter der Last der Tagesausflügler leiden. Das Geld, das man für Einkehr und Übernachtung ausgibt, kommt den Städten und Dörfern direkt zugute. Mit weniger Stress für den Radler, einem zusätzlichen Nutzen für die Umwelt und der Stärkung der örtlichen Wirtschaft schafft man so eine Win-win-win-Situation, die für alle Seiten nur Vorteile hat. Einem Mehrtages-Radausflug in einer der schönsten Regionen Deutschlands steht also nichts mehr im Weg.

STADTSCHÖNHEIT AM LECH

Landsberg am Lech

Die malerische Altstadt von Landsberg spiegelt sich im Lech.

1

An einem wichtigen Übergang über den Lech entstand im 12. Jahrhundert die Stadt Landsberg. Bis heute begeistert die an der Romantischen Straße gelegene Stadt mit ihren bestens erhaltenen historischen Bauwerken. Und auch das Umland bietet so manche Sehenswürdigkeit.

Im 12. Jahrhundert wurde Landsberg an einem strategischen Lechübergang von Heinrich dem Löwen gegründet und entwickelte sich schnell zu einer wichtigen Handelsstadt. Heute begeistert das an der Romantischen Straße gelegene Landsberg mit seiner mittelalterlich-barocken Altstadt, die zu den schönsten in Oberbayern zählt. Am malerischen Hauptplatz steht das prächtige Rokoko-Rathaus. Die herrliche Stuckfassade schuf Dominikus Zimmermann, Bürger und Bürgermeister von Landsberg. Als bedeutendste Teile der weitgehend erhaltenen Stadtbefestigung gelten der im 14. Jahrhundert erbaute Schöne Turm und das sehenswerte Bayertor (1425) am oberen Rand der Altstadt. Sakrale Kunst findet man in der gotischen Stadtkirche Maria Himmelfahrt mit ihrer wertvollen mittelalterlichen und barocken Ausstattung. Die Malteser- und die Johanneskirche sind im Inneren in verschwenderischem Rokoko gestaltet.

IN DEN CAFÉS und Lokalen, die in der Landsberger Altstadt am Ufer des Lechs liegen, kann man nach der Tour im sanften Abendlicht entspannen. Besonders beliebt ist der Lechgarten am Klösterl südlich der Lechbrücke mit seinem idyllisch am Ufer gelegenen Biergarten (lechgarten.de).

IM SÜDEN VON LANDSBERG – BERGBLICK UND WALLFAHRTSKIRCHE

Vom Hauptplatz in der Altstadt von Landsberg schieben wir die Räder durch den Schmalzturm und dann auf der steilen Alten Bergstraße zum Bayertor hinauf. Nun geht es über den nahen Kreisverkehr geradewegs in die Weilheimer Straße und nach 200 Metern links nach Reisch. Wir treffen vor dem Dorf auf eine Vorfahrtsstraße, radeln rechts in den Ort

1

und auf der Kapellenstraße links an der Kirche vorbei. Nach kurzer Fahrt biegen wir rechts auf die schmale Angerstraße ab und radeln geradeaus in den Wald. Dort folgen wir an einer Gabelung den Radwegweisern nach rechts und radeln nach einem etwas steileren Anstieg an einer Wegkreuzung rechts Richtung Hagenheim. Wir fahren bald über Felder zur Kreisstraße, auf ihr wenige Meter nach links und dann rechts zu einem geteerten Wirtschaftsweg. Hier geht es links zu einer Straße am Ortsrand von **Hofstetten**. Auf ihr fahren wir nach rechts und bei nächster Gelegenheit links in das Dorf. Nun geht es geradewegs bis zu einer Kreuzung mit verschiedenen Radwegweisern.

ZUR BAROCKEN WALLFAHRTSKIRCHE

Den Wegweisern Richtung Obermühlhausen folgend, halten wir uns nun an mehreren Gabelungen jeweils rechts. Im Auf und Ab gelangen wir bis zu einer Kreuzung vor einem Berg und radeln nach links ins nahe **Obermühlhausen**. Dort fahren wir rechts auf der Bergstraße zur Landstraße hinauf, auf ihr nach rechts und nach 200 Metern links in das Sträßchen Kronberg. An der ersten Kreuzung in den Feldern biegen wir rechts ab. An der folgenden Gabelung halten wir uns links und folgen der schmalen Teerstraße, bis wir auf eine Vorfahrtsstraße treffen. Auf ihr geht es 400 Meter nach links und dann bei erster Gelegenheit rechts auf eine schmale Teerstraße, der wir nach **Thaining** folgen.

Über Hofstetten geht der Blick zur Zugspitze.

◀ Am Hauptplatz von Landsberg ▶ Das mittelalterliche Bayertor in Landsberg

Im Ort fahren wir an einer Doppelkreuzung links auf dem Mühlenweg zur Ortsdurchfahrt und biegen dort nach links ab. Kurz vor dem Ortsende geht es links in den Postweg. Wir radeln geradewegs über die Umgehungsstraße nach **Issing**. An der ersten Kreuzung fahren wir nach rechts zur Durchgangsstraße und auf ihr nach links. Vor dem Kirchhügel geht es rechts auf der Reichlinger Straße aufwärts zum Ortsrand. Hier fahren wir rechts auf der Vilgertshofer Straße zur Umgehungsstraße, die wir überqueren. Jenseits geht es auf dem Radweg kurz nach rechts und dann links auf die Straße, die uns über eine Vorfahrtsstraße zur berühmten Barockkirche von **Vilgertshofen** führt.

DIE WALLFAHRTSKIRCHE in Vilgertshofen zählt zu den eindrucksvollsten Barockkirchen in Oberbayern. Ende des 17. Jahrhunderts wurde sie vom Wessobrunner Baumeister Johann Schmutzer errichtet, der auch den Innenraum mit prächtigen Stuckarbeiten verzierte. Der Hauptaltar umrahmt das spätgotische Gnadenbild einer Pieta.

In der prunkvoll ausgestatteten Wallfahrtskirche von Vilgertshofen

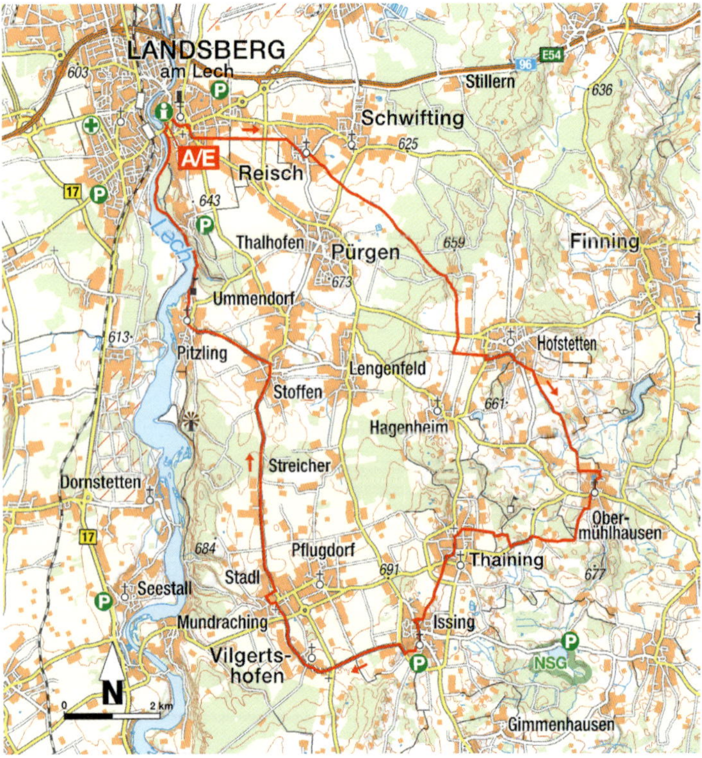

1

AM LECH ENTLANG NACH LANDSBERG

Wir radeln geradewegs an der Kirche vorbei und folgen nun immer den Wegweisern des Radweges Romantische Straße. Im Rechts-Links-Knick leiten sie uns durch Stadl und geradewegs weiter nach **Stoffen**. Dort geht es links in die Pitzlinger Straße und bald abwärts ins Lechtal. Vor der Kirche von **Pitzling** biegen wir rechts in die Seestraße und radeln am Lech entlang zurück nach **Landsberg**.

In Vilgertshofen begeistert die wundervolle Barockkirche.

1

ZWISCHEN BAYERN UND SCHWABEN – IM LECHRAIN

Am Hauptplatz in **Landsberg** fahren wir links in die für Radler freigegebene Fußgängerzone. Bis Kaufering weisen uns nun die Schilder des Radweges Romantische Straße die Richtung. Es geht geradewegs aus der Altstadt, nach der Lechbrücke rechts auf einen Radweg und am Fluss entlang zur Lechbrücke von **Kaufering**. Wir überqueren den Fluss und biegen nach der Brücke links in den Brückenring. Er knickt bald scharf nach rechts ab und bringt uns zu einer Kreuzung, an der wir links auf die Scheuringer Straße schwenken. Am Ende eines kurzen Anstieges fahren wir rechts auf einen Feldweg und an der folgenden Kreuzung nach links zu einer sternförmigen Kreuzung vor einem Hof. Hier geht es halbrechts auf einen Wirtschaftsweg, dem wir nun geradewegs drei Kilometer über die aussichtsreichen Felder folgen. Anschließend halten wir uns an einer Kreuzung nach einem kurzen Waldstück rechts und radeln über eine kleine Kuppe geradewegs auf schmaler Straße nach **Weil**.

Die neugotische Abteikirche überragt Kloster St. Ottilien.

Typisch oberbayrisch – Barockkirche und Maibaum in Eresing

ZUM SCHLOSS DER WITTELSBACHER

Wir biegen links in die Wolfgangstraße und danach rechts in den Kreuzweg. Auf der folgenden Vorfahrtsstraße geht es rechts zur Landstraße, wenige Meter nach links und dann rechts auf der Geretshausener Straße nach **Geretshausen**. Nach einem kurzen Stück aufwärts biegen wir links nach **Petzenhausen** ab. Wir halten uns auf der Oberen Bergstraße links, kommen in den Ort und wechseln nach einem Rechtsknick geradewegs auf die untergeordnete Schlettstraße. An der Gabelung am Ortsrand halten wir uns links und treffen in **Jedelstetten** auf eine Querstraße. Kurz fahren wir nach links, dann rechts zur Kreisstraße und auf dem Radweg wieder nach rechts. An seinem Ende geht es über die Hauptstraße in die nach Kaltenberg ausgeschilderte Nebenstraße und bald über eine Vorfahrtsstraße geradewegs zum **Schloss Kaltenberg**.

AM KLOSTER VORBEI ZURÜCK NACH LANDSBERG

Wir biegen vor Schloss Kaltenberg rechts ab und fahren an der großen Ritterspielarena vorbei zu einer Gabelung. Auf der schmalen Prinz-Heinrich-Straße geht es links hinab und danach geradeaus zu einer Vorfahrtsstraße. Nach wenigen Metern biegen wir links in die Von-Willibald-Straße und nach der Bahnlinie rechts in die Lindenstraße. Nach 700 Metern geht es geradewegs über die Landstraße und auf dem Kiesweg an der Bahnlinie entlang zu einer schmalen Teerstraße. Wenige Meter fahren

Das Bräustüberl im Schloss Kaltenberg bietet eine urige Einkehr.

wir nach links und biegen dann rechts ab auf einen Wirtschaftsweg. Wir radeln auf dem Hauptweg durch den Wald und stoßen in **Geltendorf** auf die Bahnhofstraße. Auf ihr geht es nach rechts und vor der Bahnlinie links am Bahnhof Geltendorf vorbei. Nach kurzer Fahrt radeln wir rechts durch beide Bahnunterführungen und dann auf einem Alleeweg zum **Kloster St. Ottilien.**

SEIT 1886 BESTEHT das benediktinische Missionskloster St. Ottilien, das heute zu den größten Klöstern in Deutschland zählt. Die Reichsabtei wird von der mächtigen neugotischen Abteikirche überragt. Neben der Kirche lohnt das Missionsmuseum mit seinen ethnologischen Sammlungen einen Besuch.

Vor dem Kloster radeln wir auf der Straße kurz nach rechts und biegen vor dem Emminger Hof links auf den Weg, der durch das Klostergelände zur großen Abteikirche führt. Hier geht es geradewegs auf einem Kiesweg kurz abwärts und an der folgenden Kreuzung an der Klostermauer entlang nach rechts. Jetzt radeln wir geradewegs durch den Wald und kurz vor Eresing an einer Gabelung nach links. Auf dem Teersträßchen fahren wir abwärts zur vorfahrtsberechtigten Pflaumdorfer Straße, die uns rechts

1

zu einer Kreuzung an der Kirche im Ortszentrum von **Eresing** führt. Bis nach Penzing können wir nun den Schildern des Ammersee-Radweges folgen. Wir radeln geradewegs an der schönen Dorfkirche vorbei und treffen nach 200 Metern auf die Hauptstraße. Auf ihr geht es kurz nach rechts und dann links auf die Ramsacher Straße. Nun fahren wir immer geradeaus, in Ramsach über eine Vorfahrtsstraße und auf schmaler Teerstraße nach **Penzing**.

Im Ort halten wir uns links und biegen nach wenigen Metern rechts in die Fritz-Börner-Straße. An ihrem Ende geht es links in die Schwiftinger Straße und über die A 96 nach **Schwifting**. Im Ort fahren wir nach rechts in die Lindenstraße, dann über die Landstraße und weiter nach Reisch. Wir radeln rechts um die Kirche zur Kapellenstraße, die uns nach rechts aus dem Ort führt. Nach kurzer Fahrt geht es links auf dem Reischer Talweg nach Landsberg. Hier fahren wir auf der Hauptstraße rechts zum Kreisverkehr, jenseits durch das Bayertor und auf der Alten Bergstraße abwärts zum Hauptplatz im Herzen der Altstadt von **Landsberg**.

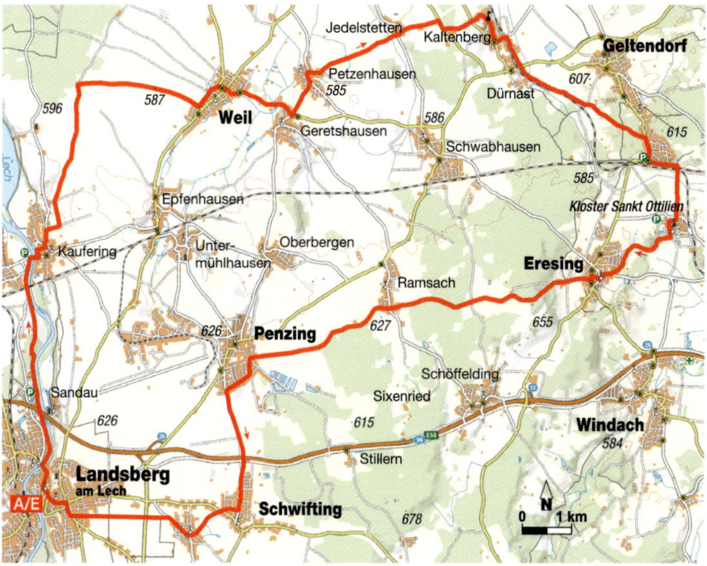

AUF EINEN BLICK

Info

STADT/REGION: Landsberg am Lech
BESTE REISEZEIT: April bis Oktober
TOURISTINFO: Tourismusverband Ammersee-Lech, Hauptplatz 152, 86899 Landsberg am Lech, Tel. 08191/12 82 47, ammerseelech.de

AKTIV UNTERWEGS

KALTENBERGER RITTERTUNIER: Auf der Tour durch das Herz des Lechrains bietet Schloss Kaltenberg eine schöne Einkehr. Berühmt ist Kaltenberg vor allem auch für die Ritterspiele, die alljährlich an den Juliwochenenden in der großen Arena neben dem Schloss stattfinden. Die in eine Rahmenhandlung eingebettete Stunt-Show mit professionellen Stunt-Reitern, Schwertkämpfern und verschiedenen Künstlergruppen in historischen Kostümen lockt alljährlich unzählige Besucher an. Ein Rahmenprogramm mit Musikern, Tänzern und Artisten und ein großer Mittelaltermarkt sorgen für weitere Attraktionen (rittertunier.de).

ÜBERNACHTUNG

HOTEL SCHAFBRÄU: Hinterer Anger 338, Tel. 08191/49 20, hotel-schafbrau.de
STADTHOTEL AUGSBURGER HOF: Schlossergasse 378, Tel. 08191/96 95 96, augsburger-hof.com
ZWEITE HEIMAT PRIVATPENSION: Alte Bergstraße 451, Tel. 0162/402 25 03, zweite-heimat.info

IM SÜDEN VON LANDSBERG

DAUER: 3.15 Std.
HÖHENMETER: 240 Hm auf/ab
LÄNGE: 38 km
SCHWIERIGKEIT: Mittel
AUSGANGS-/ENDPUNKT: Der Hauptplatz in Landsberg am Lech
TOURENCHARAKTER: Die aussichtsreiche Tour führt in stetem Auf und Ab durch die stille Hügellandschaft östlich des Lechs. Bis auf

◀ Das Tor von Schloss Kaltenberg ▶ Im Schlosshof von Kaltenberg

einen steilen Schiebeberg in der Altstadt von Landsberg sind die Anstiege aber nie allzu lang oder steil.

EINKEHR UNTERWEGS: Einen Zwischenstopp kann man kurz nach der Besichtigung der Wallfahrtskirche in Vilgertshofen im nahen Dörfchen Stadl einlegen. Hier bietet der Kultur-Stadl leckere kleine und große Gerichte in einem idyllischen Ambiente (kultur-stadl.de).

ZWISCHEN BAYERN UND SCHWABEN

DAUER: 3.30 Std.
HÖHENMETER: 250 Hm auf/ab
LÄNGE: 44 km
SCHWIERIGKEIT: Mittel
AUSGANGS-/ENDPUNKT: Der Hauptplatz in Landsberg am Lech
TOURENCHARAKTER: Die Tour führt in meist sanftem Auf und Ab durch das Hügelland des Lechrains.
EINKEHR UNTERWEGS: Die ursprüngliche Burg in Kaltenberg wurde 1292 erbaut und nach und nach zum Schloss umgestaltet. Mitte des 19. Jahrhunderts erhielt das Schloss, das heute Prinz Luitpold von Bayern gehört, sein heutiges Aussehen. Im Schloss ist ein Teil der König Ludwig Schlossbrauerei untergebracht und das Bräustüberl Schloss Kaltenberg bietet eine urig-stilvolle Einkehrmöglichkeit.

KULTUR UND NATUR AM LECH

Schongau

Auf schmalen Straßen geht's durchs Hügelland östlich des Lechs.

Ganz im Westen des Oberbayerischen Alpenvorlands liegt Schongau, das mit seiner mauerumgürteten Altstadt zu gefallen weiß. Von hier erkunden wir das landschaftlich bezaubernde und kulturell interessante Umland, das durch die Radfernwege Romantische Straße und Via Claudia erschlossen wird.

Der ursprüngliche Siedlungskern von Schongau lag im nahen Altenstadt, wovon bis heute die dortige imposante romanische Basilika zeugt. Doch im 13. Jahrhundert verließen die meisten Bewohner Altenstadt und gründeten auf einem besser zu verteidigenden Umlaufberg über dem Lech Schongau, das 1253 die Stadtrechte erhielt. Durch die Lage am Kreuzungspunkt der Fernstraße von Italien nach Augsburg und der Salzstraße von Berchtesgaden zum Bodensee kam die Stadt zu Reichtum.
Auf dem ehemals vom Lech umflossenen Stadthügel liegt die malerische Altstadt von Schongau. Sie wird bis heute von der nahezu vollständig erhaltenen mittelalterlichen Stadtmauer mit mehreren Toren und Türmen eingefasst. Den Mittelpunkt bildet der malerische Marienplatz, auf den der Staffelgiebel des gotischen, 1515 erbauten Ballenhauses mit dem spätgotischen Ratssaal im Obergeschoss schaut. In der barocken Stadtpfarrkirche hinterließen bedeutende Künstler wie Dominikus Zimmermann und Matthäus Günther ihre Spuren.

BESONDERS SCHÖN kann man einen erlebnisreichen Radtag in Schongau im Löwenhof ausklingen lassen. Der Gasthof ist in einem historischen Stadthaus in der Löwenstraße zu finden. An warmen Sommertagen sitzt man ganz toll im schattigen Innenhof (loewenhof-schongau.de).

DIE BESCHRIEBENE RADTOUR nach Steingaden führt am Stadtrand von Schongau an der Badestelle am Lechstausee Schongau vorbei. Seit Generationen stürzen sich die Schongauer hier, am Lido genannten Badestrand, bei schönem Wetter in die erfrischend kühlen Fluten des Lechs. Und im angrenzenden Bootshaus kann man sich im Terrassenrestaurant direkt am Seeufer kulinarisch verwöhnen lassen (bootshaus-schongau.de).

2

IM NORDEN VON SCHONGAU – ZUR ROMANISCHEN BASILIKA

Vor dem **Bahnhof Schongau** folgen wir dem Fußweg kurz nach links. Nach 200 Metern biegen wir nach den Gleisen links in die Perlachstraße und halten uns nach kurzer Strecke an einer Gabelung links. Nun führt uns der anstrengendste Anstieg der Tour zum Trachtenheim Schongau hinauf. Weiter aufwärts fahren wir auf einer Forststraße, an einem ersten Abzweig geradeaus und 200 Meter weiter an einer Doppelkreuzung zweimal nach links. Nun geht es abwärts zu einem Radweg, auf den wir nach rechts abbiegen und der uns nach 1,5 Kilometern kurz vor der B 17 auf einer Nebenstraße nach **Hohenfurch** bringt. Hier fahren wir nach der Brücke über die Schönach nach rechts und nach wenigen Metern links in die Kinsauer Straße. Von hier leiten uns jetzt die Schilder der Radwege Romantische Straße und der Via Claudia über **Kinsau** nach **Epfach**. Wir radeln auf der Hauptstraße am kleinen Römermuseum und der Kirche vorbei und erreichen kurz vor dem Ortsende eine Kreuzung.

Auf dem Kirchhügel bei Epfach war einst ein römisches Militärlager.

◀ Die romanische Basilika von Altenstadt ▶ St. Michael überragt Denklingen.

AN DIE GROSSE Geschichte des Dorfes Epfach erinnert ein kleines Römermuseum. Hier beschützte das römische Abodiacum eine wichtige Straßenkreuzung.

ZUR ROMANISCHEN BASILIKA VON ALTENSTADT

Wir folgen geradewegs der Beschilderung des Radweges Via Claudia auf eine Nebenstraße. Nach vier Kilometern halten wir uns nach einem kurzen Waldstück rechts und kommen so zur B 17, die wir geradewegs überqueren. Ein Radweg bringt uns entlang einer breiten Straße nach **Denklingen**. Nach den Bahngleisen radeln wir vor einer Kapelle links zu einer Vorfahrtsstraße, folgen ihr nur wenige Meter nach rechts und biegen anschließend links ab. Auf der Hauptstraße durch Denklingen und kurz vor dem Ortsende geht es an einem Linksknick geradewegs auf den Bachweg. Wir fahren auf der schmalen Teerstraße immer geradeaus und treffen in **Dienhausen** auf eine Vorfahrtsstraße, der wir links durch das Dörfchen bis vor den **Dienhauser Weiher** folgen.

Unser Weg führt am Dörfchen Sachsenried vorbei.

Hier radeln wir rechts über einen Parkplatz und geradewegs den Radwegweisern Richtung Sachsenried folgend durch den Wald. Auf breitem Forstweg geht es zur Kniehütte, an der wir uns links halten. Nun fahren wir durch ein Waldtal bis zu einem Querweg, dem wir wenige Meter nach links folgen, um dann nach rechts zum Waldrand und durch Wiesen abwärts zu einer Vorfahrtsstraße zu gelangen. Wir fahren rechts aufwärts zu einer Kreuzung vor **Sachsenried** und biegen scharf links auf ein schmales Teersträßchen, das durch die Wiesen nach **Schwabsoien** läuft. Geradewegs geht es in den Ort und zur Hauptstraße, die rechts ins Ortszentrum führt. Hier folgen wir den Radwegweisern rechts nach **Schwabbruck**. Dort wechseln wir geradewegs auf eine Nebenstraße, die uns an der wuchtigen Kirche vorbeiführt. Nach einem Brückchen biegen wir links in die Straße Zur Pfannenschmiede, die uns über die Wiesen geradewegs zu einer Vorfahrtsstraße in **Altenstadt** leitet. Wir folgen ihr kurz nach rechts und biegen dann links zur **Basilika St. Michael** ab.

2

DIE PFARRKIRCHE ST. MICHAEL ist eine der wichtigsten romanischen Kirchen in weitem Umkreis. Um 1200 wurde die Basilika mit den drei Apsiden und den zwei Türmen errichtet. Durch die Verlagerung des Handelsplatzes nach Schongau geriet sie schon nach wenigen Jahren ins Abseits und blieb so bis heute fast unverändert erhalten. Im 32 Meter hohen Innenraum besticht vor allem die über dem Altar aufgehängte, 3,20 Meter hohe romanische Christusfigur, die als der »Große Gott von Altenstadt« bekannt ist. Sehenswert sind auch der alte Taufstein und eine romanische Madonna.

2

ZURÜCK INS NAHE SCHONGAU

Wir radeln am Eingang zur romanischen Basilika vorbei zu einer Querstraße, folgen ihr wenige Meter nach rechts und biegen dann links in die Schäfgasse. Wir überqueren geradewegs die nächste Vorfahrtsstraße und folgen dem Köllenweg, der uns bald über die B 17 zu einer Querstraße am Stadtrand von Schongau bringt. Wir fahren hier links zu einer breiten Straße und an ihr entlang nach rechts. Eine Kehre wird auf einem Radweg abgeschnitten und im Tal treffen wir wieder auf die Hauptstraße, auf der wir geradewegs bis zu einer Kreuzung vor der Altstadt fahren. Hier radeln wir entweder geradeaus hinauf in die Altstadt von Schongau oder links zurück zum **Bahnhof Schongau**.

◀ Der »Große Gott« in der Basilika von Altenstadt ▶ Am Dienhauser Weiher

Der Lechstausee bei Urspring lockt mit einer erfrischenden Badepause.

VON SCHONGAU NACH STEIN-GADEN – AM LECH ENTLANG

Vor dem **Bahnhof Schongau** überqueren wir an einer Ampel die Hauptstraße und folgen dem Radweg nach links. Vor der Lechbrücke geht es rechts in die Lechuferstraße und bald aufwärts zur Lechstaustufe Schongau. Wir folgen noch kurz geradewegs der Straße und biegen 100 Meter nach dem Abzweig zum Lido links in ein Nebensträßchen. Geradewegs radeln wir zu einer Forstwegkreuzung. Hier fahren wir nach links und immer geradeaus, bis wir auf einem Brückchen die breite B 17 überqueren. Der Weg knickt nach rechts und folgt der Bundesstraße. Nach 500 Metern geht es an einem ersten Brückchen geradewegs vorbei und an der Kreuzung neben der zweiten Brücke nach links.

Zwischenstopp an der römischen Villa von Peiting

AUF DER VIA CLAUDIA NACH SÜDEN

Im Auf und Ab fahren wir auf einem Forstweg und auf schmaler Teerstraße geradewegs nach **Burggen**. Dort geht es am Sportplatz links auf einem Feldweg zur Dessaustraße und auf ihr links aus dem Dorf. Wir folgen jetzt immer der Radwegbeschilderung der Via Claudia, die uns entlang des Lechs über Dessau zur **Lechstaustufe Urspring** bringt. Auf ihr fahren wir links über den Fluss nach **Urspring**. Wir radeln geradewegs durch das Dorf und folgen am Ortsende den Radwegweisern Richtung Steingaden links auf den Eggweg, der uns über einen aussichtsreichen Wiesenhügel nach **Steingaden** bringt. An einer Ampel überqueren wir die B 17 und erreichen über den Marktplatz das ehemalige **Kloster Steingaden**.

DIE IM 12. JAHRHUNDERT erbaute Klosterkirche von Steingaden zeigt von außen noch deutlich ihren romanischen Ursprung. Romanisch sind auch das Westportal und die Rundkapelle am Eingang in den Klosterbezirk. Der romanische Kreuzgang ist gotisch umgestaltet. In der Kirche bestechen die wundervolle Barock- und Rokoko-Ausstattung und das Renaissance-Chorgestühl.

AUF DEM RADWEG ROMANTISCHE STRASSE

Vom Marktplatz radeln wir nach der Kirchenbesichtigung rechts am Gasthof Zur Post vorbei in eine Gasse und geradewegs weiter zur B 17. Auf der Bundesstraße geht es 100 Meter nach rechts und dann links in die Hammerschmiedstraße. An ihrem Ende biegen wir rechts in die Aggensteinstraße und an der nächsten Kreuzung links in die Vorfahrtsstraße.

2

Wir folgen nun bis kurz vor Schongau der Beschilderung des Radweges Romantische Straße. Er führt uns über Riesen und Kreut bis vor die Brücke über die B 17. Hier fahren wir nach rechts und dann links über die Bundesstraße zur römischen Villa von Peiting. Sie war vom 2. bis zum 4. nachchristlichen Jahrhundert bewohnt.

Geradeaus treffen wir auf eine Vorfahrtsstraße, der wir kurz nach links folgen. Wir biegen rechts in eine schmale Teerstraße und radeln geradewegs auf einer Forststraße durch den Wald und über die Lechstaustufe Schongau. Nach der Staustufe halten wir uns an der Kreuzung rechts und fahren zurück zum Stadtzentrum von Schongau.

AUF EINEN BLICK

Info

STADT/REGION: Schongau und das Lechtal
BESTE REISEZEIT: April bis Oktober
TOURISTINFO:
Tourist-Information Schongau, Münzstraße 1–3, 86956 Schongau, Tel. 08861/21 41 81, schongau.de

AKTIV UNTERWEGS

STADTMUSEUM SCHONGAU: Das interessante Museum ist in der ehemaligen Spitalkirche St. Erasmus untergebracht, die für sich schon eine Sehenswürdigkeit ist. Es bietet eine Fülle unterschiedlicher Anschauungsobjekte von archäologischen Funden über sakrale Kunst bis zur Stadtgeschichte und der Geschichte des Pfaffenwinkels.

ÜBERNACHTUNG

HOTEL ALTE POST: Marienplatz 19, Tel. 08861/232 00, altepost-schongau.de
HOTEL BLAUE TRAUBE: Münzstraße 10, Tel. 08861/30 60, blaue-traube-schongau.de
LECHWIRT: Lechvorstadt 2, Tel. 08861/690 34 24, lechwirt.apartment.hotel.mix.de

IM NORDEN VON SCHONGAU

DAUER: 3.30 Std.
HÖHENMETER: 230 Hm auf/ab
LÄNGE: 42 km
SCHWIERIGKEIT: Mittel
AUSGANGS-/ENDPUNKT: Der Bahnhof von Schongau
TOURENCHARAKTER: Die Tour verläuft großteils auf wenig befahrenen oder verkehrsfreien Nebenstraßen und Wirtschaftswegen. Lediglich zu Beginn der Tour ein längerer, auf kurzen Abschnitten etwas steilerer Anstieg. Auf der übrigen Strecke wechseln sanfte Anstiege und Abfahrten mit längeren Flachstücken.

◀ An der Stadtmauer von Schongau ▶ Auf dem Marienplatz in Schongau

EINKEHR UNTERWEGS: Auf eine 400-jährige Tradition kann man im Gasthof Sonne in Epfach zurückblicken, der unweit des kleinen Römermuseums steht. Im gemütlichen Dorfgasthaus wird man mit leckeren bayrischen Gerichten, deren Zutaten aus regionaler Produktion stammen, verwöhnt (zur-sonne-epfach.de).

VON SCHONGAU NACH STEINGADEN

DAUER: 3.45 Std.
HÖHENMETER: 430 Hm auf/ab
LÄNGE: 44 km
SCHWIERIGKEIT: Schwer
AUSGANGS-/ENDPUNKT: Der Bahnhof in Schongau
TOURENCHARAKTER: Die Route verläuft, abgesehen von kürzeren Abschnitten auf gut zu befahrenden Wirtschaftswegen, durchwegs auf geteerten, verkehrsarmen Nebenstraßen. Die zahlreichen Steigungen sind nie allzu lang oder steil.
EINKEHR UNTERWEGS: In Steingaden findet man unweit der Klosterkirche in der Welfenstraße die wundervolle Klosterschänke. Die gemütliche Wirtschaft weiß mit ausgezeichnetem Essen und einem schattigen Biergarten zu gefallen. Genau der richtige Ort, um sich für den Rückweg nach Schongau zu stärken (klosterschaenke.eatbu.com).

SCHLÖSSER, KIRCHEN, LÜFTEL-MALEREI

Oberammergau

Weltkulturerbe in ländlicher Idylle – die Wieskirche

3

Überragt von markanten Bergen liegt das Dorf Oberammergau im Tal der Ammer. Hier kann man problemlos einen längeren Urlaub verbringen. Für uns reicht aber ein Wochenende, um die kulturelle Vielfalt und die bezaubernde Landschaft auf dem Rad zu erkunden.

Im obersten Tal der Ammer liegt der berühmte Gebirgsort Oberammergau. Weltweit bekannt ist der Ort für seine **Passionsspiele**, die alle zehn Jahre stattfinden. Sie gehen auf ein Gelöbnis zurück, das die Oberammergauer im Pestjahr 1633 ablegten. Alle Darsteller sind Laien aus dem Ort und die wachsenden Bärte der Oberammergauer sind ein sicheres Zeichen für bevorstehende Passionsspiele. Der Ort selbst bezaubert durch seine alten Gebäude, deren Fassaden teils mit sehenswerten **Lüftlmalereien** verziert sind. Herausragend ist das aufwendig gestaltete **Pilatushaus**. Im Passionsdorf kann man zu interessanten Touren starten, die sowohl landschaftlich als auch kulturell viele Highlights bieten.

MITTEN IN OBERAMMERGAU kann man seinen Hunger bestens im Restaurant s´Wirtshaus stillen. Mit Blick zum wunderschönen Pilatushaus schmecken die lecker-bodenständigen Gerichte besonders gut (swirtshaus-ogau.de).

ZUR WIESKIRCHE – WELTKULTURERBE AM ALPENRAND

Wir beginnen die Tour am Bahnhof von **Oberammergau**, fahren auf der Hauptstraße links über die Ammer und biegen dann links auf den Dammweg, auf dem der Ammer-Amper-Radweg verläuft. Dieser führt uns an der Ammer entlang nach **Unterammergau**, im Zickzack durch das Dorf und am Bahnhof vorbei zur B 23. Auf ihr fahren wir nach links über die Ammer und danach rechts in die Pürschlingstraße. Nach 200 Metern biegen wir rechts in die Scherenauer Straße und radeln über die Wiesen nach Scherenau. Im Rechtsbogen geht es durch den Weiler, über die Ammer und vor der Bahnlinie links in ein Sträßchen, das uns durch das Kochelmoos führt. Der Weg schwenkt schließlich nach rechts über die Bahnlinie zu einer Querstraße. Auf ihr geht es nach links und an der nächsten Gabelung wieder links nach **Altenau**. Dort stoßen wir auf die Obere Dorfstraße, die uns nach links über die Bahnlinie führt. An der nächsten Kreuzung auf der Unteren Dorfstraße fahren wir nach rechts und am Dorfweiher nach links auf die Unternoggstraße. Diese führt uns zum Forsthaus **Unternogg**, in dem König Ludwig II. gelegentlich auf seinen Fahrten zwischen den Schlössern Linderhof und Neuschwanstein Station machte.

AUF DER KÖNIGSSTRASSE

Kurz danach radeln wir über die Halbammer und biegen nach einem kurzen Anstieg links auf einen Kiesweg. Auf den nächsten Kilometern folgen wir nun auf der sogenannten **Königsstraße** der Beschilderung des Bodensee-Königssee-Radweges. Wir bleiben immer auf dem teils groben Hauptweg, einige Bachfurten und eine Brücke querend, im Auf und Ab geradeaus, bis wir nach einem kurzen Anstieg eine Kreuzung erreichen. Hier geht es nach rechts (bis Wildsteig Wegweiser des Bodensee-Königssee-Radwegs und des Radweges Romantische Straße) und geradewegs zur herrlich gelegenen **Wieskirche**.

◀ Am einsamen Wildsee ▶ Große Kunst in der Wieskirche

Am Wildsee gibt es eine kleine Badestelle.

FÜR EIN GNADENBILD, das Ziel einer stark anschwellenden Wallfahrt war, wurde Mitte des 18. Jahrhunderts die wundervolle Wieskirche errichtet. Das Gotteshaus wurde von den Gebrüdern Zimmermann erbaut und großteils auch ausgestattet. Es gilt dank des perfekten Zusammenspiels von Kunst und Licht als bedeutendste Rokoko-Kirche in Deutschland und ist seit 1983 auf der UNESCO-Liste als Weltkulturerbe verzeichnet.

ZUM EINSAMEN WILDSEE

Wir fahren an der Wieskirche vorbei zum großen Besucherparkplatz und biegen rechts in eine schmale Teerstraße. Den Radwegweisern folgend radeln wir auf eine kleine Wiesenkuppe, von der man einen fantastischen Blick über die Wieskirche zu den Tannheimer Felsgipfeln hat. Nach einer kurzen Abfahrt geht es an der Kreuzung in **Schwarzenbach** nach rechts und an der folgenden Kreuzung nach links Richtung Wildsteig. Nun radeln wir teils auf schmaler Teerstraße, teils auf einem Wirtschaftsweg über einen Hügelkamm. Am Ende einer steilen Abfahrt geht es an einer Doppelkreuzung erst wenige Meter nach links und danach nach rechts durch ein Tal. Jenseits des Tals gelangen wir oberhalb einer malerischen Moorfläche aufwärts zu einer Gabelung, an der wir geradeaus fahren. Bald geht es geradewegs durch **Unterhäusern** zur Kreisstraße und auf ihr Richtung **Wildsteig**. Vor dem Anstieg zum Dorf biegen wir rechts Richtung Sportplatz ab, folgen dem Radweg und radeln an der Kreuzung nach dem Sportplatz geradeaus nach **Perau**.

Von außen ist der Kunstreichtum der Wieskirche kaum zu erahnen.

Geradewegs geht es durch den Weiler und auf angenehmen Sträßchen durch ein stilles Tal zu einer Weggabelung inmitten des malerischen Bärenfilzes. Wir halten uns links und wechseln an der Kreuzung nahe einem einsam gelegenen Schneibenbauer-Hof geradewegs auf einen Feldweg. Links schimmert der Wildsee durch die Bäume und nach 600 Metern erreichen wir eine Kreuzung, an der wir uns einen kurzen Abstecher zum einsamen See gönnen. Wir fahren links auf dem Feldweg zum Waldrand, an dem ein schmaler, wurzeliger Weg beginnt. Auf ihm geht es zum nahen **Wildsee**, der wie ein blauer Edelstein aus den braunen Moorflächen schimmert. Auf einem Weg aus Baumscheiben gelangt man durch die trittempfindlichen Moorflächen zu einer Badestelle inmitten des malerischen Naturschutzgebietes.

DURCHS AMMERTAL ZURÜCK NACH OBERAMMERGAU

Nach dem Abstecher kehren wir wieder zum Hauptweg zurück und radeln sanft aufwärts auf die Berge zu. Bald lassen wir die Räder über eine teils geteerte Abfahrt zu einer Kreuzung hinabrollen, an der wir auf den morgendlichen Hinweg treffen. Wir schwenken links auf die Königsstraße und radeln geradewegs bis zur Teerstraße. Auf ihr geht es rechts über die Halbammer und vorbei am Wanderparkplatz **Unternogg** zurück nach **Altenau** und auf bekanntem Weg durch das Dorf. Nach der Bahnlinie biegen wir rechts in die Wurmansauer Straße und fahren immer geradeaus, bis wir kurz vor Unterammergau die B 23 erreichen. Links über die Bundesstraße machen wir einen Abstecher zum interessanten und malerisch gelegenen **Kappel-Kirchlein**. Am Wanderparkplatz nahe der B 23 beginnt ein schmales Sträßlein, das uns geradewegs zum Bahnhof von **Unterammergau** bringt. Wir biegen links in die Hofstadelstraße und radeln auf dem Ammer-Amper-Radweg zurück nach **Oberammergau**.

3

RUND UM DIE AMMERQUELLEN – KLOSTER UND ROKOKO-SCHLOSS

Vom **Bahnhof Oberammergau** radeln wir zur nahen Hauptstraße, auf die wir nach links abbiegen. Nach kurzer Strecke fahren wir nach der Ammerbrücke rechts in den Radweg, der am Fluss entlangläuft. Wir folgen den Radwegweisern Richtung Ettal, die uns nahe der Ammer und zum Schluss entlang der B 23 zum prächtigen **Kloster Ettal** führen.

DIE BENEDIKTINERABTEI ETTAL wurde 1330 von Kaiser Ludwig II. gegründet. 1744 zerstörte ein verheerender Brand das gesamte Kloster. Der Wiederaufbau der Klosterkirche mit ihrer weithin sichtbaren Kuppel und der beeindruckenden Fassade erfolgte im Stil des Rokoko.

Der Weg führt über die noch ganz junge Ammer.

Kloster Ettal beeindruckt mit seiner mächtigen Kirchenkuppel.

DURCHS LINDERTAL ZUM ROKOKO-SCHLOSS

Nach der Besichtigung des Klosters radeln wir auf dem bekannten Weg an der B 23 entlang zurück in Richtung Oberammergau. Bald weisen uns die Radwegweiser Richtung Linderhof links auf ein Sträßchen. Vor einem nahen Bauernhof knickt unser Weg rechts auf ein Wirtschaftssträßchen, das im Bogen zur Ettaler Mühle führt. Hier geht es geradewegs über die Straße und rechts der Mühle bis zur Ammer, vor der wir links abbiegen. Bald überqueren wir die Landstraße und radeln über einen Hügel und den Kühlalpenbach zum herrlich gelegenen Hof **Dickelschwaig**. Wir wechseln geradewegs auf ein Teersträßchen und überqueren kurz vor **Graswang** die Linder.

Wir biegen nach der Brücke links auf einen Kiesweg und lassen uns von den Radwegweisern bis nach **Linderhof** leiten. Wir halten uns rechts, überqueren die Straße und dann die Linder und erreichen so den Parkplatz von **Schloss Linderhof**. Auf breiter Straße geht es hinauf zum Eingangsgebäude. Wer die Attraktionen wie das Schloss oder die Grotte besichtigen möchte, der kann hier Tickets kaufen und sein Rad abstellen, da im Schlosspark Fahrradfahren nicht erlaubt ist.

▲ Schloss Linderhof – der Rokoko-Traum von Ludwig II. ◀ Am Hof Dickelschwaig ▶ Am Gasthof Ettaler Mühle

3

AB 1874 LIESS König Ludwig II. das wundervolle Rokoko-Schloss Linderhof erbauen. Rund um das Schloss wurde der weitläufige Park mit verschiedenen Wasserbecken, Fontänen und Kaskaden geschmückt. Seiner romantischen Ader gemäß entstanden unter anderem eine künstliche Venusgrotte mit Höhlensee und Muschelkahn sowie der Maurische Kiosk.

AUF STILLEN WEGEN NACH OBERAMMERGAU

Vom Schloss fahren wir auf dem von der Hinfahrt bekannten Weg zurück bis zur Linderbrücke bei **Graswang**. Hier radeln wir nun links über die Hauptstraße in die Untere Dorfstraße, bald rechts in den Sonnenberg-Weg und auf ihm geradeaus, bis wir am Rand der Wiesen einen schmalen Weg erreichen. Er läuft zwischen Hang und Wiesen nach Osten. Vorbei am Hof von Rahm kommen wir schließlich zu einer Weggabelung, an der wir geradeaus Richtung Ettaler Mühle fahren. Wir treffen auf eine schmale Teerstraße, der wir nach links folgen. Vorbei am viel besuchten Klettergarten an der Falkenwand führt sie uns zur Ammer. Wir wechseln auf den Kiesweg, der uns an der Ammer entlang zurück nach **Oberammergau** bringt.

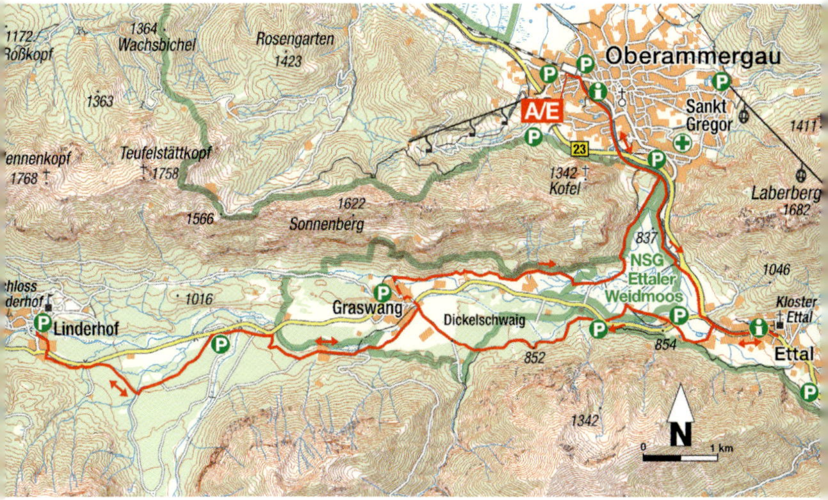

AUF EINEN BLICK

Info

STADT/REGION: Oberammergau, Ammergauer Alpen
BESTE REISEZEIT: April bis Oktober
TOURISTINFO: Tourist-Information Oberammergau, Eugen-Papst-Straße 9a, 82487 Oberammergau, Tel. 08822/922 74 40, ammergauer-alpen.de

AKTIV UNTERWEGS

THEATERSOMMER OBERAMMERGAU: Alle zehn Jahre finden in Oberammergau die weltberühmten Passionsspiele statt. Das Alpendorf ist jedoch viel zu theaterverrückt, um die riesige Spielstätte in der Zeit zwischen den Passionsjahren leerstehen zu lassen. So wurde der Theatersommer Oberammergau ins Leben gerufen und seit über zehn Jahren kann man im Passionstheater Klassiker wie Romeo und Julia oder Wilhelm Tell genießen (www.passionstheater.de).

ÜBERNACHTUNG

HOTEL MAXIMILIAN: Ettaler Straße 5, Tel. 08822/94 87 40, maximilian-oberammergau.de
ZUM KIRCHENBAUER: Schnitzlergasse 16, Tel. 08822/92 35 97, zum-kirchenbauer.de
JUGENDHERBERGE OBERAMMERGAU: Malensteinweg 10, Tel. 08822/41 14, jugendherberge.de

DURCH DIE BERGE ZUR WIESKIRCHE

DAUER: 4 Std.
HÖHENMETER: 360 Hm auf/ab
LÄNGE: 45 km
SCHWIERIGKEIT: Schwer
AUSGANGS-/ENDPUNKT: Der Bahnhof in Oberammergau
TOURENCHARAKTER: Die Tour verläuft meist auf geteerten, verkehrsarmen Nebenstraßen und vor allem zwischen Unternogg und der Wieskirche auf unbefestigten, teils holprigen Wirtschaftswegen, wobei hier zweimal Bäche auf einer Furt überquert werden.

◀ Lüftlmalerei in Oberammergau ▶ Die Kuppel der Klosterkirche Ettal

Zahlreiche, auf kürzeren Abschnitten auch steilere Anstiege müssen überwunden werden.

EINKEHR UNTERWEGS: Wer ein wenig zusätzliche Mühe nicht scheut, der sollte von der Runde einen kurzen Abstecher nach Wildsteig machen. Zum einen kann man dort einen Blick in die sehenswerte Pfarrkirche werfen. Zum anderen kann man dort im hübschen Café Peramarta bei ausgesuchten Snacks und Kuchen neue Kräfte sammeln (peramarta.de).

RUND UM DIE AMMERQUELLEN

DAUER: 2.45 Std.
HÖHENMETER: 200 Hm auf/ab
LÄNGE: 32 km
SCHWIERIGKEIT: Mittel
AUSGANGS-/ENDPUNKT: Der Bahnhof von Oberammergau
TOURENCHARAKTER: Diese Tour führt meist auf unbefestigten Wegen durch die Täler von Ammer und Linder. Nach Schloss Linderhof ist ein steiler Berg zu bewältigen. Der schwierigste Anstieg lässt sich aber umgehen.
EINKEHR UNTERWEGS: Umgeben von malerischen Mooren und den Bergen der Ammergauer Alpen liegt der Gasthof Ettaler Mühle. Im schattigen Biergarten kann man zum Plätschern des Mühlrades eine stimmungsvolle Rast einlegen (ettaler-muehle.de).

IM MALERISCHEN PFAFFENWINKEL

Weilheim in Oberbayern

Die Kirche St. Andrä in der idyllischen Landschaft des Pfaffenwinkels

4

Weilheim ist der perfekte Ausgangspunkt in die oberbayerische Bilderbuchlandschaft des Pfaffenwinkels. Die Region verdankt ihren Namen den zahlreichen Kirchen und Klöstern, die das Bild der malerischen Hügel- und Seenlandschaft prägen.

Weilheim überrascht mit seiner gemütlichen Altstadt, in der man nach einer Radtour bestens entspannen kann. Die Stadt entwickelte sich im Mittelalter zum zentralen Versorgungsort für die zahlreichen Klöster in der Umgebung. Die Altstadt ist noch teils von der mittelalterlichen Stadtmauer umgeben. Sozusagen die gute Stube von Weilheim ist der malerische, von bunten Altstadthäusern eingerahmte Marienplatz. Beherrschendes Bauwerk ist die mächtige Pfarrkirche, die am Übergang von der Gotik zum Barock entstand. Im Inneren kann man schönen Wessobrunner Stuck und eindrucksvolle Deckenfresken bewundern. Neben dem Gotteshaus steht auf dem Platz das bezaubernde Alte Rathaus, in dem heute das sehenswerte Stadtmuseum untergebracht ist.

SÜDLÄNDISCHES FLAIR GENIESSEN kann man an einem schönen Sommerabend auf dem zentralen Marienplatz in der Altstadt von Weilheim. Das Restaurant Quadriga, dessen Außenbereich auf dem von der Kirche und von Altstadthäusern eingerahmten Platz liegt, verwöhnt seine Gäste mit freundlichem Service und feiner italienischer Küche (restaurant-quadriga.de).

IN DEN TÄLERN VON AMMER UND ROTT – NATUR UND TECHNIK

Wir beginnen die Tour auf der Altstadtseite der Weilheimer Ammerbrücke und radeln am Ostufer 500 Meter flussaufwärts zu einer Radlerbrücke. Wir überqueren jedoch den Fluss und folgen jenseits dem Dammweg links nach Oderding. An der ersten Kreuzung geht es rechts in die Unterdorfstraße und geradewegs zu einer Kreuzung außerhalb des Dorfes, hier nach links und auf einem Teerweg geradewegs bis kurz vor Peißenberg. Auf einem Querweg fahren wir nach links und rechts zum Ortsrand.

4

VORBEI AM EIBENWALD NACH RAISTING

Wir folgen der Vorfahrtsstraße rechts hinauf und überqueren am Haltepunkt Peißenberg-Nord die Bahnlinie. An der Kreuzung nach den Gleisen geht es nach rechts und immer geradeaus über einen Höhenrücken. Nach einer Abfahrt vor dem Segelfluggelände Paterzell gelangen wir rechts auf einen Kiesweg und dann auf dem geteerten Quersträßchen links zu einer Wegkreuzung an der Moosmühle. Wir halten uns rechts und radeln zu einer Wegkreuzung, von der wir rechts den nahen **Eibenwald von Paterzell** erreichen.

MIT 2300 BÄUMEN, die verstreut in einem 90 Hektar großen Wald wachsen, bietet der unter Naturschutz stehende, mit einem Eibenlehrpfad erschlossene Paterzeller Eibenwald einen der größten Eibenbestände in Deutschland.

Raisting ist das Dorf mit den meisten Störchen in Oberbayern.

Der Zellsee ist ein wichtiges Vogelschutzgebiet.

Wir folgen aber geradewegs dem Hauptweg, der uns zu einer Straße am **Zellsee-Hof** bringt. Es geht kurz nach rechts, unter der Landstraße hindurch und auf dem Radweg kurz nach links. Wir biegen anschließend rechts in die schmale Nebenstraße, die uns über den Weiler Stillern nach **Raisting** bringt. Hier radeln wir geradewegs bis zur Kreuzung vor der Pfarrkirche und folgen der Hauptstraße nach rechts.

DURCHS AMMERTAL ZURÜCK NACH WEILHEIM

An der nächsten Kreuzung geht es geradeaus auf eine schmale Straße, die uns auf die aussichtsreichen Wiesen führt. Nach 300 Metern fahren wir an der Kreuzung nach links und treffen nach weiteren 600 Metern auf eine Vorfahrtsstraße, die uns rechts zum weithin sichtbaren **Radom** bringt.

DIE ERDFUNKSTELLE RAISTING bietet mit ihren Satellitenschüsseln, die einen Spiegeldurchmesser von bis zu 32 Meter aufweisen, einen eigenwilligen Kontrast zur Landschaft ringsum. Als erste Anlage wurde in den 1960er-Jahren das sogenannte Radom erbaut. Aus Schutz vor Umwelteinflüssen wurde die Schüssel mit einer Kugelhülle umgeben, die einen Durchmesser von fast 50 Metern hat. Im heute stillgelegten Radom, das unter Denkmalschutz steht, ist ein kleines Technikmuseum untergebracht.

Der Weg führt bei Raisting durch die beindruckende Erdfunkstelle.

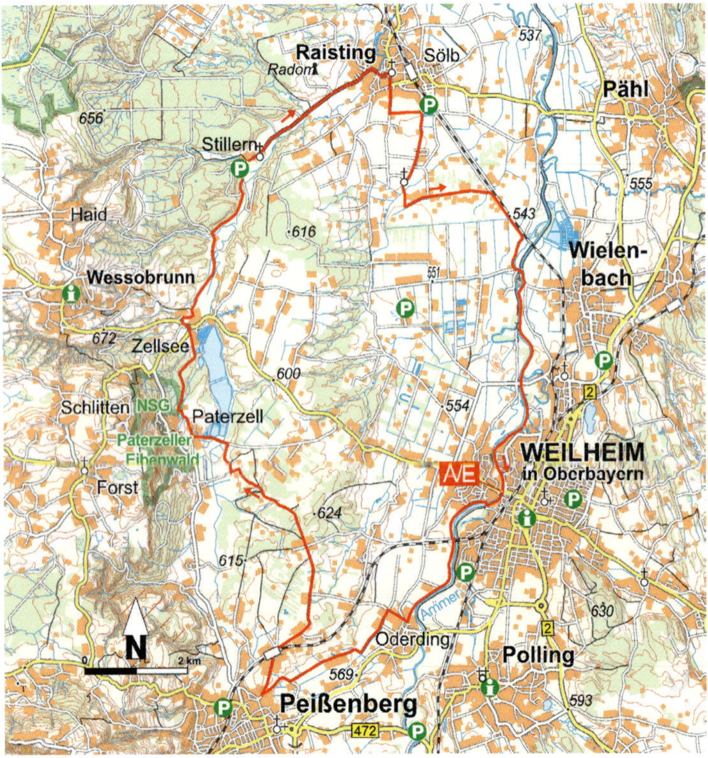

4

Vom Radom radeln wir geradewegs zur kleinen Wallfahrtskirche St. Johann. Anschließend geht es kurz abwärts, am folgenden Querweg nach links und immer geradeaus bis vor die Bahnlinie. Auf der Straße fahren wir nach rechts bis zu einer Kreuzung, an der wir links abbiegen und dann über die Ammer radeln. 200 Meter nach der Brücke biegen wir rechts auf den Ammerdamm, dem wir bis zur Ammerbrücke in Weilheim folgen.

Auf der ganzen Runde bleiben die Berge im Blick.

4

VON WEILHEIM ZUM STAFFELSEE – IM HERZEN DES PFAFFENWINKELS

In der Altstadt von **Weilheim** folgen wir auf der Rückseite des Alten Rathauses den Radwegweisern rechts Richtung Polling. Kurz nach der Stadtmauer geht es links über einen Parkplatz und über die B 2. Auf der Johann-Bauer-Straße fahren wir geradeaus, an ihrem Ende nach rechts und nach wenigen Metern links in einen schmalen Weg. Wir erreichen eine Kreuzung, an der wir uns links halten und der Angermaierstraße folgen. Wir orientieren uns geradeaus an den Radwegweisern, bis wir am Ortsrand von **Deutenhausen** auf eine schmale Teerstraße treffen. Auf ihr fahren wir nach rechts, an der Gabelung auf den Wiesen und im Wald halten wir uns jeweils links und radeln weiter aufwärts zu den Wiesen von **Etting**. Nun geht es geradeaus, an einer Kreuzung kurz vor der B 2 nach einem ersten Bauernhof links kurz aufwärts und dann immer geradeaus zur Wallfahrtskirche St. Andrä.

Nördlich von Uffing scheinen die Allgäuer Berge ganz nahe.

Einsam und aussichtsreich liegt die Wallfahrtskirche St. Andrä.

DURCHS HÜGELLAND ZUM STAFFELSEE

Wir radeln rechts an der Kirche vorbei, nach kurzer Abfahrt auf einem Quersträßchen scharf nach links und bei nächster Gelegenheit rechts auf einen Kiesweg. Er führt uns bald geradewegs über einen niedrigen Hügel und knickt dann links zu einer Teerstraße. Auf ihr geht es nach rechts und an der nächsten Kreuzung geradewegs auf einen Feldweg. An einer Wegkreuzung nach einem kurzen Waldstück biegen wir links ab und folgen dem Wirtschaftsweg, der uns geradewegs nach **Untersöchering** bringt. Wir fahren durch das Dorf und biegen nach der Kirche rechts zur Ortsdurchfahrtsstraße ab. Auf ihr radeln wir nach links und nach wenigen Metern geradewegs auf eine schmale Straße und den Radwegweisern folgend im Zickzack nach **Obersöchering**. Im Dorf folgen wir der Untergasse nach rechts, kommen bald über eine Vorfahrtsstraße und unter der Bundesstraße hindurch nach **Hofheim**.

Auf der Vorfahrtsstraße geht es nach rechts in das Dorf, kurz nach der Kirche rechts in die Waltersberger Straße und nach einem Kilometer geradewegs über die B 2 ins nahe **Waltersberg**. Wir radeln durch das Dorf und biegen vor der Bahnlinie München-Garmisch rechts auf den Weg, der an den Gleisen entlang nach **Uffing** führt. Am Ortsrand geht es über die Gleise und den Radwegweisern folgend rechts zur Kreuzung im Ortszentrum.

Am Dorfweiher von Uffing

AUF STILLEN WEGEN NACH POLLING UND WEILHEIM

Im Ortszentrum von Uffing radeln wir auf der Hauptstraße rechts aufwärts und nach gut 200 Metern links in die Hechenrainer Straße. Nach kurzer Fahrt biegen wir nach rechts in die Schöngrubstraße ab und radeln geradeaus, bis wir uns an der Weggabelung beim Wackerer-Hof links halten. Nach zweieinhalb Kilometern fahren wir auf einer Querstraße nach rechts und über die Bahnlinie hinauf zu einer Wegkreuzung. Hier geht es nach links, bald abwärts zum Gewerbegebiet Auwiese und weiter zur Kreisstraße. Wir folgen ihr nach links zum Ortsrand von **Huglfing**. Dort überqueren wir die B 472 und radeln auf der Hauptstraße Richtung Ortszentrum.

Bei erster Gelegenheit biegen wir rechts in die Ringstraße ab und nach wenigen Metern links in die St.-Johann-Straße, die sich zu einer Straßengabelung hinaufschlängelt. Hier halten wir uns links, fahren die Alpenstraße aufwärts, bei nächster Gelegenheit rechts in die Berger Straße und kommen dann nach kurzer Fahrt links auf der Heimgartenstraße aus dem Ort. Wir folgen der Straße aufwärts zum Dörfchen **Berg** und halten uns an einer Straßengabelung kurz vor den ersten Häusern rechts. Nach kurzer Fahrt biegen wir scharf rechts in ein schmales Sträßchen ab und fahren an der nächsten Kreuzung nach links. Wir lassen die Räder auf recht steilem Sträßchen ins Tal des Rettenbachs hinabrollen. Dort geht es auf einer Querstraße rechts über den Bach und anschließend auf einer schmalen Teerstraße nach links. Auf ihr gelangen wir zum Ortsrand von **Polling**, fahren nach einem Brückchen auf der Querstraße nach links und nach 400 Metern rechts auf die Hofmarkstraße, die uns geradewegs zu einer Kreuzung im Ortszentrum von Polling bringt. Ein Abstecher führt hier links zur Klosterwirtschaft und zum ehemaligen Kloster.

SCHON UM DAS Jahr 750 wurde das Kloster Polling gegründet, und bald gehörte es dank umfangreicher Schenkungen zu den reichsten und kunstvollsten in weitem Umkreis. In der mächtigen gotischen Klosterkirche mit ihrer prunkvollen Rokoko-Dekoration sind das romanische Tassilo-Kreuz von 1230 und eine spätgotische Madonna die bedeutendsten Kunstwerke. Höhepunkt der ehemaligen Klostergebäude ist die prunkvolle Barock-Bibliothek, die allerdings nur nach Voranmeldung besichtigt werden kann.

Wir wechseln an der Kreuzung in Polling jedoch auf die Hauptstraße und folgen dann den Radwegweisern rechts auf den Prälatenweg. Am Ortsrand halten wir uns links und kommen auf einen geteerten Weg, der uns schnell nach Weilheim bringt. Hier radeln wir immer geradeaus bis zum Alten Rathaus in der Altstadt von **Weilheim**.

◀ In der Klosterkirche Polling ▶ Abendlicher Blick zu den Ammergauer Alpen

AUF EINEN BLICK

Info

STADT/REGION: Weilheim in Oberbayern, Pfaffenwinkel
BESTE REISEZEIT: April bis Oktober
TOURISTINFO: Tourist-Information Weilheim, Marienplatz 2/4, 82362 Weilheim, Tel. 0881/682-53 03 oder -52 01, weilheim.de

AKTIV UNTERWEGS

BIBLIOTHEKSAAL POLLING: Zwei Kilometer südlich von Weilheim liegt das Klosterdorf Polling. Der barocke Bibliotheksaal des ehemaligen Klosters ist ein wahres Fest für die Sinne. Der reich geschmückte Saal kann nach Voranmeldung besichtigt werden und die klassischen Konzerte sind dank der ausgezeichneten Akustik ein Ohrenschmaus (polling.de, bibliotheksaal.de).

ÜBERNACHTUNG

PÖLTNER HOF: Pollinger Straße 4-6, Tel. 0881/394 64 70, hotel-weilheim.de
ALTSTADTHOTEL BACHBRÄU: Pöltnerstraße 4, Tel. 0881/39 46 41 83, hotelweilheim.de
HOTEL VOLLMANN: Eisenkramergasse 4, Tel. 0881/92 77 18 60, hotel-vollmann.de

IN DEN TÄLERN VON AMMER UND ROTT

DAUER: 3 Std.
HÖHENMETER: 100 Hm auf/ab
LÄNGE: 35 km
SCHWIERIGKEIT: Leicht
AUSGANGS-/ENDPUNKT: Die Ammerbrücke in Weilheim
TOURENCHARAKTER: Die Tour verläuft auf Nebenstraßen und gut zu befahrenden Wegen und weist nur zwischen Peißenberg und Zellsee einige harmlose Anstiege auf.
EINKEHR UNTERWEGS: Im malerischen Raistinger Ortsteil Stillern lädt vom Frühjahr bis zum Herbst der idyllische Biergarten des Biohofs Grenzebach zu einer Rast ein (hof-biergarten.de). Nach gut

Der Marienplatz ist das Zentrum der Weilheimer Altstadt.

zwei Kilometern führt im Dorf Raisting der Weg direkt am Gasthof Post vorbei. Dank seiner bayerischen Schmankerln wurde er als eine der 100 besten Heimatwirtschaften in Bayern ausgezeichnet (post-raisting.de).

VON WEILHEIM ZUM STAFFELSEE

DAUER: 4 Std.
HÖHENMETER: 260 Hm auf/ab
LÄNGE: 45 km
SCHWIERIGKEIT: Mittel
AUSGANGS-/ENDPUNKT: Der Marienplatz in der Altstadt von Weilheim
TOURENCHARAKTER: Die aussichtsreiche Runde verläuft, abgesehen von kurzen unbefestigten Abschnitten, auf geteerten Nebenstraßen und Wirtschaftswegen. Nur vor Etting und vor Berg sind etwas längere Anstiege zu überwinden.
EINKEHR UNTERWEGS: An der Nordspitze des Staffelsees liegt das Dorf Uffing, das von der barocken Pfarrkirche malerisch überragt wird. Ein kurzer Abstecher führt hinab zum Ufer des Staffelsees, wo neben dem Strandbad das Seerestaurant Alpenblick lockt. Im schönen Biergarten wird man mit guter bayerischer Küche und einem sensationellen Ausblick verwöhnt. Vorsicht, da sind alle Plätze schnell belegt (seerestaurant-alpenblick.de).

MOORE UND SEEN IM BLAUEN LAND

Murnau

Über das Murnauer Moos geht der Blick zum Wettersteinmassiv.

5

Eingebettet zwischen Seen und Mooren liegt am Fuße der Alpen der malerische Marktort Murnau. Auf zwei unterschiedlichen Touren erkunden wir sein Umland. Eine Runde führt fast flach durch das herrliche Murnauer Moos, eine zweite im Auf und Ab zu den Seen und Teichen im Umland.

Auf einem aussichtsreichen Hügel zwischen Staffelsee und Riegsee entwickelte sich an einer uralten Handelsroute der Marktort Murnau. Heute besticht der Ort mit seinem malerischen, unter Denkmalschutz stehenden Ortskern rund um **Unter- und Obermarkt**, von dem aus man einen wundervollen Blick zu den nahen Bergen hat. Berühmt wurde Murnau dank der **Malerkolonie**, die Anfang des 20. Jahrhunderts den farbenfrohen Stil des Expressionismus prägte. Sie nannten die Landschaft am Alpenland rund um Murnau wegen der wundervollen Lichtstimmungen Blaues Land. Die Maler der Künstlergruppe Blauer Reiter, die später Weltruhm erlangen sollten, entdeckten die Schönheit der Landschaft und ließen sich hier nieder. Wassily Kandinsky, Marianne von Werefkin und Alexej Jawlensky wählten Murnau als zwischenzeitliches Domizil. Gabriele Münter blieb ihr Leben lang in Murnau. Neben den kulturellen Highlights begeistert vor allem die Landschaft rund um Murnau. Besonders das Murnauer Moos mit seinen zahlreichen seltenen Tier- und Pflanzenarten lässt das Herz eines jeden Naturfreundes höher schlagen.

SCHÖNE BADEMÖGLICHKEITEN gibt es rund um Murnau natürlich reichlich. Am westlichen Ortsrand kann man sich in der Murnauer Bucht im Staffelsee abkühlen. Im Osten des Marktortes gibt es schöne Badestellen am kleinen Froschhauser See oder am malerischen Riegsee, von dem man einen wundervollen Bergblick hat.

ZAHLREICHE EINKEHRMÖGLICHKEITEN findet man in Murnau rund um die Marktstraße. Besonders urig ist das Karg-Bräustüberl. Hier kommt man dank deftiger bayerischer Küche und dank des süffigen Karg-Weißbiers nach einer Tour schnell wieder zu Kräften (karg-murnau.de)

5

RUND UMS MURNAUER MOOS – MOORE ZWISCHEN DEN BERGEN

Wir folgen kurz vor der Ähndl-**Wirtschaft** unterhalb des Ramsachkircherls den Radwegweisern links durch das herrliche **Murnauer Moos**. Nach acht Kilometern erreichen wir eine Teerstraße, radeln links ins nahe **Grafenaschau** und biegen an einer Gabelung links in die Schwaigener Straße.

DAS MURNAUER MOOS ist das größte und bedeutendste naturnah erhaltene Moorgebiet in Mitteleuropa. 23 Quadratkilometer stehen unter Naturschutz und bieten zahlreichen seltenen oder vom Aussterben bedrohten Tier- und Pflanzenarten einen letzten Rückzugsraum. Entstanden ist es nach der Eiszeit durch den Wasserstau am lang gestreckten Hügelkamm, der das von den Eiszeitgletschern übertiefte Becken des Murnauer Mooses nach Norden hin begrenzt.

AM FUSS DER BERGE NACH ESCHENLOHE

Auf der für den allgemeinen Verkehr gesperrten Straße radeln wir geradewegs bis kurz vor die A 8. Wir folgen den Radwegweisern rechts auf ein Teersträßchen und biegen an der nächsten Kreuzung nach links ab. Unter der A 95 hindurch und über die Bahnlinie fahren wir jetzt zum Dorfplatz von **Eschenlohe**. Hier lohnt ein Blick in die von Johann Michael Fischer erbaute Pfarrkirche mit sehenswerter Ausstattung im Stil von Barock und Rokoko.

ABSTECHER RICHTUNG ZUGSPITZE

Wir folgen der Hauptstraße nach rechts und überqueren geradewegs die Loisach. Nach der Brücke geht es rechts in die Mühlstraße und bald den Radwegweisern Richtung Oberau folgend nach rechts zum Loisachdamm. Auf dem Dammweg radeln wir bis zur Loisachbrücke in **Oberau** und halten uns dort links. Vorbei am Golfplatz geht es zu einer Gabelung am Waldrand und dort nach links. Wir radeln jetzt am Fuß des Estergebirges zurück nach **Eschenlohe**. Dort fahren wir auf einer Querstraße nach rechts und auf der Mühlstraße zurück zur Loisachbrücke.

▲ Der kleine Bibersee bei Grafenaschau ◀ Am Ramsachkircherl startet die Tour. ▶ Idyllischer Rastplatz bei Ohlstadt

ENTLANG DER LOISACH ZURÜCK NACH MURNAU

Neben der Brücke geht es wenige Meter nach rechts, dann links auf der Heubergstraße aus dem Ort und nun immer geradeaus nach **Ohlstadt**. Wir fahren durch den Ort bis zur Hauptstraße, auf ihr kurz nach rechts und danach links in die Loisachstraße. Wir kommen am Bahnhof Ohlstadt vorbei und biegen nach einem Sägewerksgelände auf eine Querstraße nach links ab. An ihrem Ende fahren wir auf einem Feldweg über die Wiesen zu einer Straße, der wir nach links folgen. Bald geht es über die Eisenbahnlinie, wir halten uns rechts und fahren unter der A 95 hindurch. Nach der Brücke über die Loisach biegen wir rechts auf einen Kiesweg. An der Gabelung nach einigen Häusern halten wir uns links und folgen kurz darauf den Radwegweisern links zu einer nahen Straße. Auf ihr radeln wir nach rechts ins nahe **Hechendorf** und biegen dort an der ersten Kreuzung nach links ab. Nun geht es an der B 2 entlang zum Ortsschild von Murnau. Wir überqueren vorsichtig die viel befahrene Bundesstraße und radeln auf der Ramsachstraße geradewegs zurück zum Ausgangspunkt an der **Ramsachkirche**.

IM KLEINEN RAMSACHKIRCHERL ist neben dem Altar eine Glocke ausgestellt. Die Eisenglocke ist wohl zwischen dem 9. und 12. Jahrhundert entstanden und damit eine der ältesten Kirchenglocken in Europa.

Auf schmalen Sträßchen erkunden wir das Blaue Land.

IM HÜGELLAND BEI MURNAU – SEEN IM BLAUEN LAND

Vor dem **Bahnhof von Murnau** folgen wir links dem Radweg, der am Parkplatz entlang zur Seehauser Straße führt. Wir überqueren die Straße und biegen jenseits links in die Römerstraße. Wir folgen der Bahnlinie bis zum Ortsrand von **Uffing**. Dort geht es nach links über die Bahnstrecke und dann nach rechts auf der Landstraße ins Ortzentrum.
Auf der Hauptstraße radeln wir rechts aufwärts und nach gut 200 Metern links in die Hechenrainer Straße. Wir fahren dann nach rechts auf der Schöngrubstraße über die Wiesen zu einer Weggabelung, an der wir uns links halten. Nach zweieinhalb Kilometern trifft das Sträßchen auf eine Querstraße. Auf ihr geht es nach rechts und nach dem Bahnübergang an der Wegkreuzung geradeaus. Durch ein Wäldchen und über Wiesen gelangen wir zu einer Kreuzung und links über einen Hügel und die Kreisstraße geradewegs nach **Tauting**.

5

STILLES HÜGELLAND MIT KLEINEN SEEN

Im Dorf geht es auf der Vorfahrtsstraße nach links und kurz vor dem Ortsende wieder links in einen geteerten Feldweg. Bald fahren wir über die B 2 und auf dem Teersträßchen zu einer Kreuzung vor einem Wäldchen. Hier geht es nach rechts auf eine Kiesstraße und geradewegs weiter nach **Untersöchering**.

Kurz vor dem Dorf fahren wir scharf nach links den Berg hoch und am Waldrand nach rechts. Wenige Meter vor der Kreisstraße geht es nach links in ein schmales Sträßchen, das im Bogen zur Kreisstraße führt. Auf ihr radeln wir links hinauf nach **Egenried** und kurz nach dem Kirchlein den Radwegweisern Richtung Antdorf folgend nach rechts. Nun fahren wir geradewegs am Pollinger Weiher vorbei zu einer Kreuzung, von der aus wir links über Hachtsee eine Kreuzung erreichen.

Am Ortsrand von Obersöchering liegt ein hübscher kleiner Badesee.

Wir folgen der Straße nach rechts und biegen 300 Meter vor der Bundesstraße rechts ab auf ein Sträßchen. Nach einer Kapelle geht es nach links und wir gelangen geradewegs am Sportplatz vorbei nach **Obersöchering**. Hier radeln wir auf der Vorfahrtsstraße wenige Meter nach links und anschließend rechts zur Hauptstraße. Wir folgen ihr links bis zur Kirche und biegen dort nach rechts ab. Nach einer kurzen Abfahrt folgen wir den Radwegweisern nach Murnau links in die Hofheimer Straße.

AM RIEGSEE VORBEI ZURÜCK NACH MURNAU

Wir radeln unter der Bundesstraße hindurch und treffen am Ortsrand von **Hofheim** auf eine Vorfahrtsstraße. Auf ihr geht es links hinab, geradewegs über die Landstraße und bald rechts auf einem Feldweg nach **Riegsee**. Auf der Hauptstraße fahren wir rechts nach **Froschhausen** und am Ortsende biegen wir links ab auf eine schmale Teerstraße. Auf ihr radeln wir zu einer Kreuzung und rechts aufwärts nach Weindorf. Hier geht es auf breiter Querstraße nach links und von der nächsten Kreuzung auf der Dorfstraße rechts aufwärts zur Sollerstraße, die links ins Ortszentrum von Murnau führt. Wir biegen links in die Johannisstraße und am nahen Obermarkt im Herzen von Murnau nach rechts. Nach wenigen Metern geht es links in die Griesbräustraße und den Radwegweisern folgend bald über die B 2 zurück zum **Bahnhof von Murnau**.

AUF EINEN BLICK

Info

STADT/REGION: Murnau
BESTE REISEZEIT: April bis Oktober
TOURISTINFO:
Tourist-Information Murnau, Untermarkt 13, 82418 Murnau, Tel. 08841/47 62 40, murnau.de

AKTIV UNTERWEGS

MUSEEN IN MURNAU: In Murnau kann man heute in zwei Museen die Werke der expressionistischen Künstler bewundern, die hier Anfang des 20. Jahrhunderts wirkten. Im malerischen Münterhaus werden Werke von Gabriele Münter und ihren Weggenossen ausgestellt. Das Schlossmuseum von Murnau ist ein weiteres Ziel für Kunstfreunde aus der ganzen Welt, die die farbenfrohen Werke der ausdrucksstarken Maler lieben (muenter-stiftung.de, schlossmuseum-murnau.de).

ÜBERNACHTUNG

HOTEL POST MURNAU: Obermarkt 1, Tel. 08841/48 78 00, hotel-post-murnau.de
HOTEL ANGERBRÄU: Untermarkt 44, Tel. 08841/62 58 76, angerbraeu.de
CAMPINGPLATZ HALBINSEL BURG: Burgweg 41, 82418 Seehausen am Staffelsee, Tel. 08841/98 70, camping-staffelsee.de

RUND UMS MURNAUER MOOS

DAUER: 3.30 Std.
HÖHENMETER: 110 Hm auf/ab
LÄNGE: 44 km
SCHWIERIGKEIT: Leicht
AUSGANGS-/ENDPUNKT: Die Parkplätze bzw. die Ähndlwirtschaft an der Ramsachstraße am südlichen Ortsrand von Murnau.
TOURENCHARAKTER: Die aussichtsreiche Tour verläuft auf Kieswegen und auf geteerten Nebenstraßen. Lediglich rund um Eschenlohe und nach Grafenaschau gibt es einige kurze, harmlose Anstiege.

Von der Fußgängerzone in Murnau geht der Blick zu den Bergen.

EINKEHR UNTERWEGS: Direkt am Ausgangspunkt liegt neben dem bezaubernden Ramsachkircherl der Gasthof Ähndl. In herrlicher Lage am Murnauer Moos wird man hier vom ehemaligen Sternekoch Thilo Bischoff mit bodenständiger bayerischer Küche verwöhnt (aehndl.de).

IM HÜGELLAND BEI MURNAU

DAUER: 3.45 Std.
HÖHENMETER: 400 Hm auf/ab
LÄNGE: 42 km
SCHWIERIGKEIT: Schwer
AUSGANGS-/ENDPUNKT: Der Bahnhof von Murnau
TOURENCHARAKTER: Die Tour führt in meist sanftem Auf und Ab durch die hügelige Voralpenlandschaft. Die wenigen steileren Anstiege sind nur kurz. Sie verläuft großteils auf geteerten Nebenstraßen. Kürzere Abschnitte führen über unbefestigte, aber gut zu befahrende Wirtschaftswege.
EINKEHR UNTERWEGS: An der Nordspitze des Staffelsees liegt das Dorf Uffing, das von der barocken Pfarrkirche malerisch überragt wird. Ein kurzer Abstecher führt hinab zum Ufer des Staffelsees, wo neben dem Strandbad das Seerestaurant Alpenblick lockt. Im schönen Biergarten wird man mit guter bayerischer Küche und einem sensationellen Ausblick verwöhnt. Aber Achtung, die Plätze sind schnell belegt (seerestaurant-alpenblick.de).

BADESEEN MIT ALPENBLICK

Iffeldorf

Südseefeeling am Großen Ostersee bei Iffeldorf

6

Südlich des Starnberger Sees liegt an den malerischen Osterseen der beliebte Ausflugsort Iffeldorf. Von hier aus führen uns Radausflüge durch einsames Hügelland und durch stille Moore zum Starnberger See und zum altehrwürdigen Kloster Benediktbeuern.

Im 17. Jahrhundert erwarb das für seine Barockkünstler bekannte Kloster Wessobrunn **Iffeldorf**. 1707 wurde die nach einem Brand wiederaufgebaute **Pfarrkirche St. Vitus** geweiht, die von Wessobrunner Künstlern prunkvoll ausgestattet wurde. Auf einem Hügel am Dorfrand erbaute Johann Schmutzer um 1700 die eigenwillige **Heuwinkelkapelle**, die mit wertvoller Rokokoausstattung begeistert. Verehrt wird hier eine spätgotische Marienstatue, die sich ursprünglich in der Pfarrkirche befand. Die größte Attraktion ist aber das wundervolle Naturparadies der **Osterseen**. Sie entstanden am Ende der letzten Eiszeit, als sich die Voralpengletscher zurückzogen. Dabei wurden einzelne Gletscherteile abgetrennt und mit Geröll überschüttet. Als diese sogenannten Toteisblöcke im Untergrund langsam abschmolzen, entstanden die Mulden, in denen heute die malerischen Seen liegen. 20 größere und kleinere Wasserflächen bilden das Seenpuzzle der Osterseen. Der Große Ostersee, in dem einige Inseln liegen, ist mit 117 Hektar der größte und mit 30 Metern der tiefste der Seen. Mit ihren unterschiedlichen Blau- und Grüntönen erinnern sie an sonnigen Tagen an Südseelagunen. Seit 1981 steht das Gebiet unter Naturschutz.

WUNDERVOLLE BADESTELLEN gibt es am nördlichen Ortsrand von Iffeldorf nahe dem Fohnseestüberl am Fohnsee. Ausgesprochen malerisch ist der naturbelassene Badebereich am Südostufer des Großen Ostersees nördlich der Blauen Gumpe mit seinem karibischen Farbenspiel.

HUNGER UND DURST stillen kann man im Ortszentrum von Iffeldorf im beliebten Landgasthof Osterseen. Hier kann man nicht nur hervorragend essen, sondern man hat von der Terrasse aus auch einen wunderschönen Blick Richtung Osterseen (landgasthof-osterseen.de).

6

VON IFFELDORF ZUM STARNBERGER SEE – STILLES HÜGELLAND

Vom Parkplatz am Ortsrand von Iffeldorf radeln wir zur Straße hoch und auf ihr rechts zum Weiler Steinbach. Hier geht es rechts hinauf nach Gröben, auf der Querstraße nach links und nördlich des Schillersberger Weihers am höchsten Punkt der Straße rechts auf einen Forstweg. Geradewegs gelangen wir zum Streitberger Weiher und auf einem Querweg rechts hinauf zu einer Kreuzung am Streitberger Hof. Wir halten uns links und lassen die Räder zu einer Kreuzung kurz vor dem Hof Tradfranz rollen. Wenige Meter geht es geradeaus und dann biegen wir in das zweite Sträßchen nach links ab. An der nächsten Kreuzung fahren wir nach rechts und durch den Weiler Eichendorf zur Kreisstraße, die überquert wird. Auf schmalem Sträßchen geht es zur nächsten Kreuzung, rechts nach Wolfetsried und links an den Gebäuden vorbei zu einer Querstraße. Auf ihr fahren wir rechts abwärts und bald unter der Landstraße hindurch nach Jenhausen. Unterhalb der Kirche biegen wir links auf eine schmale Teerstraße ab.

Das Wasser der Osterseen leuchtet in zahllosen Farbtönen.

Der Starnberger See verwöhnt mit zahllosen schönen Badeplätzen.

DURCHS HÜGELLAND ZUM AUWEIHER

Nun geht es immer geradeaus und nach einem Anstieg rechts zur Kreisstraße. Auf ihr fahren wir nach links und am Dörfchen **Bauerbach** vorbei zu einer Vorfahrtsstraße, der wir nach links folgen. In **Haunshofen** geht es rechts in die Waldstraße. Am Waldrand fahren wir nach rechts auf das unbefestigte Sträßchen und bald dem Radwegweiser folgend nach links auf eine Forststraße. Wir bleiben auf dem Hauptweg, bis wir einen Querweg erreichen. Auf ihm geht es nach links und an der nächsten Gabelung wieder nach links bis zu einem weiteren Querweg, dem wir rechts hinab folgen. Auf den Wiesen von Karra radeln wir nach links Richtung Gutshof und dort nach rechts unter der Bahnlinie hindurch. Auf dem Hauptweg geht es geradewegs zu einer Kreuzung, an der wir rechts zum **Auweiher** hinaufradeln.

In Bernried sind einige alte Höfe erhalten geblieben.

ZUM STARNBERGER SEE

Kurz nach dem Weiher halten wir uns an einer Gabelung links, am folgenden Querweg wieder links und dann rollen wir geradewegs abwärts zu den Wiesen von Höhenried. An einer Kreuzung vor der Landstraße biegen wir rechts ab und an der nächsten Gabelung fahren wir nach links auf das nun geteerte Sträßchen. Wir radeln geradeaus durch den Wald bis zur Landstraße. Auf ihr geht es wenige Meter nach rechts und dann links zum großen Parkplatz am Buchheim Museum in **Höhenried**.

AM UFER DES Starnberger Sees liegt der moderne Bau des Museums der Phantasie, das auch als Buchheim Museum bekannt ist. Ausgestellt sind die umfangreichen Kunstsammlungen des Romanautors Lothar-Günther Buchheim. Zu sehen sind unter anderem Werke der expressionistischen Künstlergruppe »Die Brücke« und interessante wechselnde Sonderausstellungen.

Nun geht es rechts nach **Bernried** und geradewegs zum ehemaligen Kloster, vor dem wir links zur Schiffanlegestelle abbiegen. Wir radeln nach rechts und weiter immer nahe dem See nach **Seeseiten**. Dort geht es auf der Teerstraße nach links und nach 600 Metern noch vor Seeshaupt rechts in die schmale Nebenstraße. Bald überqueren wir geradewegs die vielbefahrene Landstraße und fahren dann auf der Seeseitener Straße geradeaus durch **Seeshaupt**.

ZURÜCK ZU DEN OSTERSEEN

Kurz nach dem Bahnhof Seeshaupt fahren wir auf der Bahnhofstraße nach rechts und kurz nach dem Ortsende links auf einer Kiesstraße nach Ellmann. Hier folgen wir links den Radwegweisern auf eine Forststraße, fahren geradewegs durch den Wald und dann links steil abwärts zur Klinik Unterlauterbach. Vor den Gebäuden geht es nach rechts und den Radwegweisern folgend am **Großen Ostersee** entlang nach Süden. Schließlich stoßen wir auf eine Querstraße, die links ins nahe **Iffeldorf** führt.

In der Bernrieder Hofmarkskirche

6

VON DEN OSTERSEEN NACH BENEDIKTBEUERN – AUF DIE BERGE ZU

Vom Parkplatz radeln wir links nach **Iffeldorf** hinauf und dann immer geradeaus. Nach der Bahnlinie geht es rechts durch **Untereurach** und am Ortsrand nach links auf den Nantesbucher Weg. Bald fahren wir über die Autobahn und an der Gabelung vor dem Golfplatz nach links. Vorbei am Eitzenberger Weiher und durch die Weiler Oberhof und **Nantesbuch** gelangen wir zur Landstraße im Loisachtal. Wir folgen dem Radweg nach links und biegen nach 300 Metern rechts Richtung Hohenbirken ab.

DURCHS HÜGELLAND NACH BENEDIKTBEUERN

Nach der Loisachbrücke fahren wir nach rechts und den Radwegweisern folgend über **Hohenbirken** und den Weiler **Mürnsee** zum Gasthof Reindlschmiede. Hier radeln wir entlang der B 11 kurz nach rechts und dann über die Bundesstraße in eine schmale Nebenstraße, die uns nach Obermühl führt. An der Kreuzung geht es nach rechts und nach 200 Metern wieder rechts zu einem Hof. Wir fahren zwischen den Gebäuden geradewegs auf

◀ Am Eitzenberger Weiher ▶ Im Kreuzgang von Kloster Benediktbeuern

Die Klosterkirche von Benediktbeuern schmücken zwei Zwiebeltürme.

einen Wirtschaftsweg, der uns nach **Bad Heilbrunn** führt. Hier treffen wir auf die Badstraße, der wir nach rechts folgen. Nun leiten uns bis zum Kloster Benediktbeuern die Wegweiser des Bodensee-Königssee-Radweges. Wir radeln geradewegs durch Bad Heilbrunn und halten uns vor der B 472 rechts. Jetzt geht es stets den Radwegweisern folgend über den Weiler **Baumberg** und entlang der B 11 nach **Untersteinbach**. Wir fahren unter der B 472 hindurch und biegen nach Obersteinbach links nach **Benediktbeuern** ab. Dort geht es auf der Tölzer Straße zum nahen Dorfplatz, rechts über die B 11 und auf der Bahnhofstraße zum **Kloster Benediktbeuern**, das wir nach der Bahnüberführung erreichen.

DAS UM DAS Jahr 725 gegründete und 739 vom heiligen Bonifatius geweihte Kloster Benediktbeuern gehört zu den ältesten in Bayern und war über Jahrhunderte eines der herausragenden geistigen und geistlichen Zentren. Die Klosterkirche ist die erste bedeutende Barockkirche in Oberbayern. Die prunkvoll ausgestattete Anastasiakapelle entstand nach einem Entwurf von Johann Michael Fischer (kloster-benediktbeuern.de).

Sommerstimmung auf dem Klosterhof von Benediktbeuern

AUF STILLEN WEGEN ZURÜCK NACH IFFELDORF

Vor dem Kloster fahren wir kurz nach rechts und dann links in die Don-Bosco-Straße. Am Ende des Klosterkomplexes halten wir uns rechts und biegen in einen breiten Kiesweg ein. Nun geht es permanent auf dem Hauptweg bis zur Loisach und dort nach rechts auf den Uferweg zur Loisachbrücke. Hier radeln wir kurz rechts hoch zur B 472. An ihr entlang geht es nach links über den Fluss und bei nächster Gelegenheit wieder links in ein schmales Sträßchen.

Nach 400 Metern biegen wir an einer Kreuzung nach rechts ab und radeln dann geradeaus, bis wir in **Sindelsdorf** die Königsbergstraße erreichen. Auf ihr geht es nach links und nach 400 Metern rechts auf der Kirchsteinstraße zur Hauptstraße. Wir folgen ihr kurz nach links und biegen am Ortsende rechts in einen geteerten Feldweg. An der nächsten Kreuzung fahren wir nach links unter der A 95 hindurch und nach der Autobahn nach rechts. Nach einem Kilometer gelangen wir an einen Rechtsknick und halten uns an der folgenden Kreuzung rechts. Nun geht es geradeaus zu einer Querstraße, auf der wir nach links und nach 300 Metern rechts zur nahen B 472 gelangen. Wir halten uns links, biegen vor der Unterführung links in das Sträßchen zur Obermühle, radeln nach wenigen Metern rechts unter der Bundesstraße hindurch und jenseits links nach **Habach** hinauf. Am Ortsrand biegen wir rechts in die schmale Alleestraße ein, halten uns an der nächsten Gabelung links und treffen kurz darauf auf die Landstraße. Wenige Meter geht es nach rechts und dann links in die Straße Koppenbergweiher. Vor dem Weiher biegen wir rechts nach **Rieden** ab, halten uns im Weiler links und radeln über Obersiffelhofen zu einer Kreuzung. Wir biegen scharf nach rechts ab und überqueren bald in **Antdorf** geradewegs eine Vorfahrtsstraße. Auf der Dorfstraße geht es aufwärts und nahe der Kirche links über den Kirchplatz zur schmalen Lindenstraße. Am Sportplatz kommen wir auf die Straße Im Seefeld, an deren Ende wir auf die Querstraße nach links abbiegen. Die Straße geht in einen Wirtschaftsweg über. Wir radeln geradewegs über die Felder und nach einem Waldstück auf holprigem Weg abwärts zu einer schmalen Teerstraße. Rechts bringt sie uns zurück ins nahe **Iffeldorf**.

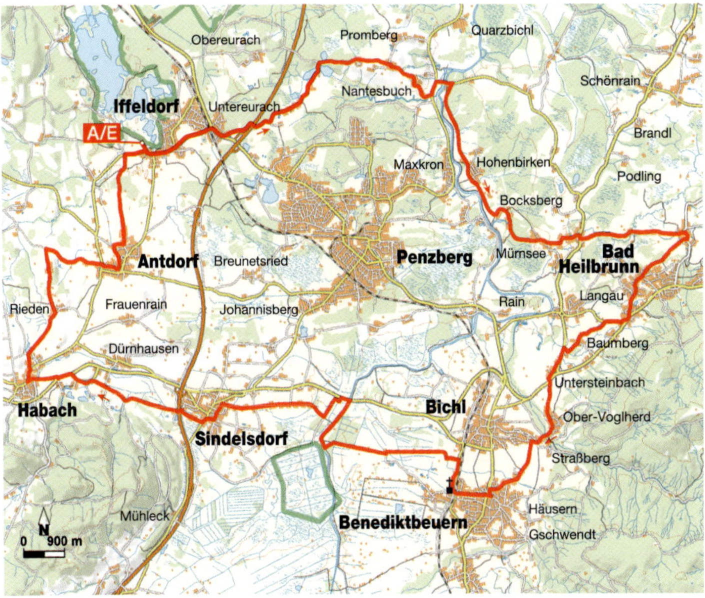

AUF EINEN BLICK

Info

STADT/REGION: Iffeldorf, südlicher Starnberger See
BESTE REISEZEIT: April bis Oktober
TOURISTINFO:
Tourismus Iffeldorf, Staltachstraße 34, 82393 Iffeldorf,
Tel. 08856/90 19 92-14, iffeldorf.de

AKTIV UNTERWEGS

MUSEUM PENZBERG: Vier Kilometer östlich von Iffeldorf ist schon das Gebäude des Museums Penzberg für sich allein eine architektonische Sehenswürdigkeit. Nicht weniger interessant sind die weltweit größte Sammlung von Werken des Expressionisten Heinrich Campendonk und die Ausstellung zur bewegten Geschichte der Bergarbeiterstadt Penzberg (museum-penzberg.de).

ÜBERNACHTUNG

LANDGASTHOF OSTERSEEN: Hofmark 9, Tel: 08856/928 60, landgasthof-osterseen.de
CAMPINGPLATZ FOHNSEE: Fohnseeweg, Tel. 08856/78 74, campingplatz-fohnsee.de

VON IFFELDORF ZUM STARNBERGER SEE

DAUER: 3.45 Std.
HÖHENMETER: 360 Hm auf/ab
LÄNGE: 41 km
SCHWIERIGKEIT: Schwer
AUSGANGS-/ENDPUNKT: Der Parkplatz Jägergasse am westlichen Ortsrand
TOURENCHARAKTER: Viele kleine Steigungen, die auf kürzeren Abschnitten auch etwas steiler sein können. Der größere Teil der Tour verläuft auf wenig befahrenen Teerstraßen, längere Abschnitte auch auf unbefestigten Wirtschaftswegen.
EINKEHR UNTERWEGS: Einen schönen Zwischenstopp bietet in Bernried der Bali Beach. Cooles Ambiente und leckere Snacks sorgen für Urlaubsfeeling (Bernried, Seepromenade 3, Tel. 0170/183 72 64).

▲ Der Landungssteg von Bernried ▼ Am Gasthof Seeseiten

VON DEN OSTERSEEN NACH BENEDIKTBEUERN

DAUER: 4 Std.

HÖHENMETER: 300 Hm auf/ab

LÄNGE: 47 km

SCHWIERIGKEIT: Mittel

AUSGANGS-/ENDPUNKT: Der Parkplatz Jägergasse am westlichen Ortsrand.

TOURENCHARAKTER: Bis Bad Heilbrunn sind rund um das Loisachtal viele Anstiege zu überwinden, die nie recht lang oder steil sind. Die restliche Runde ist dann wesentlich flacher. Die Tour verläuft großteils auf schmalen Teerstraßen, kürzere Abschnitte auch auf unbefestigten Rad- und Wirtschaftswegen.

EINKEHR UNTERWEGS: Bodenständige bayerische Küche in urigem Ambiente bietet das Gasthaus RamsAu bei Bad Heilbrunn. Besonders gut schmecken die nach biologischen Grundsätzen aus regionalen Produkten zubereiteten Gerichte im schattigen Biergarten (Tel. 08046/14 81, ramsau-das-gasthaus.de).

IM HERZEN DES ISARWINKELS

Bad Tölz

Eine Stromschnelle an der wilden Isar südlich von Bad Tölz

7

Vom alten Markt- und Flößerort aus erkunden wir die bezaubernde Landschaft am Fuß der Bayerischen Alpen. Die erste Tour führt uns vorbei an einem aussichtsreichen Kloster zu einem herrlichen Badesee, auf der zweiten radeln wir an der wilden Isar entlang in die Berge.

1331 erhielt Bad Tölz, das durch die Isarflößerei und vor allem durch den Salzhandel zu Wohlstand kam, die Marktrechte. Heute bezaubert vor allem der historische Ortskern rund um die **Marktstraße** mit seinen oftmals mit Lüftlmalereien bedeckten Bürgerhäusern. Einen Besuch wert sind die spätgotische **Pfarrkirche** mit der gotischen Winzerkapelle und die **Wallfahrtskirche Maria Hilf** mit einem Fresko des berühmten Barockkünstlers Matthäus Günther. Hoch über der Isar ragt der **Kalvarienberg** mit der Heilig-Kreuz-Kirche und der barocken Leonhardikapelle auf.

SCHÖNE BADEMÖGLICHKEITEN gibt es am östlichen Ortsrand von Bad Tölz nahe dem Bahnhof im Moorwasser des traditionsreichen Naturfreibades Eichmühl.

MODERNE UND TRADITIONELLE bayerische Küche bietet das Gasthaus Bad Tölz, das am oberen Rand der Altstadt an der Bahnhofstraße liegt. Zum Essen kann man sich das hauseigene Bier des Tölzer Mühlfeldbräu schmecken lassen (gasthaus-toelz.de).

PANORAMARUNDE BEI BAD TÖLZ – BADESPASS MIT BERGBLICK

Wir radeln von der **Brücke** auf der Altstadtseite der Isar uferaufwärts. Dabei bleiben wir immer so nahe wie möglich am Fluss, fahren bald unter der B 472 hindurch und erreichen schließlich 200 Meter nach dem Festplatz das Ende des Uferweges. Hier geht es nach links auf die Lenggrieser Straße, dann nach rechts zu einem Radweg und im Bogen unter der B 13 hindurch zur Demmeljochstraße. Nach rechts radeln wir zur August-Moralt-

Straße, biegen dann nach links ab und fahren nach 200 Metern rechts in die Brauneckstraße. Sie geht geradewegs in die Birkkarstraße über, an deren Ende wir rechts über die Blombergstraße die B 13 erreichen. Wir folgen dem Radweg nach links, biegen nach kurzer Fahrt links in die erste Nebenstraße ein und fahren nach 200 Metern erneut nach links Richtung Gaißach-Mühl.

ZUM KLOSTER REUTBERG

Geradewegs geht es durch den Ort bis zu einer Kreuzung am Gasthof zur Mühle. Hier radeln wir rechts aus dem Ort und nach 600 Metern links

Der idyllisch gelegene Kirchsee lockt mit aussichtsreichen Badeplätzen.

in eine Kiesstraße. Nach weiteren 600 Metern halten wir uns an einer Gabelung rechts und gelangen so zu einem Querweg, dem wir nach links folgen. Kurz nach einem Rechtsknick biegen wir links auf eine schmale Teerstraße, die uns unter der B 472 hindurch nach **Greiling** führt. Hier geht es auf der Vorfahrtsstraße rechts weiter nach **Reichersbeuern**. Kurz vor dem Ortsende biegen wir links in die Bahnhofstraße ein. Bald geht es nach rechts auf den Warngauer Weg und über die Bahnlinie. Wir folgen den Radwegweisern nach rechts und fahren auf dem Hauptweg geradewegs durch den Wald. Vor **Sachsenkamm** geht es unter der B 13 hindurch und auf der Ortsdurchfahrt nach rechts. Am Dorfplatz halten wir uns links und gelangen über die Reutbergstraße zum Kloster Reutberg.

Kloster Reutberg thront auf einem Hügel über dem Kirchsee.

AM KIRCHSEE VORBEI NACH BAD TÖLZ

Vom Kloster Reutberg folgen wir noch kurz der Straße und biegen dann links Richtung Kirchsee ab. Wir folgen nun immer der Radbeschilderung und gelangen, vorbei an den Badeplätzen am **Kirchsee**, auf zunehmend schmalerem Weg zu einem geteerten Quersträßchen. Hier biegen wir nach links ab und radeln durch den Weiler **Abrain** zu einer Kreuzung. Wenige Meter geht es nach rechts, dann links auf der Kreisstraße am Weiler Rain vorbei. Bald darauf halten wir uns links und gelangen über die Kreisstraße auf einem guten Feldweg im Links-Rechts-Knick zu einer Straße, die uns links zur Schützenhausstraße in Ellbach bringt. Auf ihr geht es links Richtung Dorfzentrum, nach 100 Metern rechts auf der Eschenstraße zur Hauptstraße und dort nach links. Nach wenigen Metern biegen wir rechts in die Bachstraße, die uns abwärts zum nahen Ellbacher Moor führt. Auf einem Kiesweg radeln wir jetzt geradewegs durch das Naturschutzgebiet und dann steil aufwärts zu einem Quersträßchen. Auf ihm geht es rechts abwärts geradewegs auf einen Kiesweg und dann entlang der Bahnlinie und am Naturfreibad Eichmühle vorbei zum **Bahnhof Bad Tölz**. Dort halten wir uns links, radeln in die Landrat-Wiedemann-Straße und queren nach 200 Metern über eine Vorfahrtsstraße in die Ruhlandstraße. Nach kurzer Fahrt gelangen wir rechts in die Gaisacher Straße und immer geradeaus zur Altstadt von Bad Tölz. Den Radwegweisern folgend halten wir uns links und fahren in die Salzstraße, die geradewegs in die Marktstraße übergeht. Durch die Fußgängerzone schieben wir die Räder abwärts zur **Isarbrücke**.

7

VON BAD TÖLZ NACH LENGGRIES – IM TAL DER ISAR

Wir beginnen die Tour in der Altstadt von **Bad Tölz**, überqueren die Isarbrücke und fahren jenseits im Rechtsbogen zum Uferweg hinab, dem wir nach rechts folgen. Er geht bald in einen Kiesweg über, der von der Straße wegführt und durch malerisches Flussschwemmland läuft. Der gut beschilderte Weg bleibt immer so nahe wie möglich am Isarufer. Kurz nach **Arzbach** erreichen wir eine Radlerbrücke, auf der wir zum Ostufer der Isar wechseln. Wir folgen weiterhin dem Isarradweg, bis wir am Ortsrand von **Lenggries** eine Straßenbrücke erreichen. Man kann hier geradewegs dem Isarradweg folgen, der meist nahe der B 13 verläuft und stößt dann am südlichen Ortsrand von Lenggries-Anger auf die beschriebene Route.

An der Isarbrücke am Rand der Tölzer Altstadt beginnen die Touren.

7

IM BOGEN NACH LENGGRIES

Wir befördern unsere Räder jedoch mithilfe einer Schiebeschiene die Treppe zur Brücke hinauf und überqueren die Isar. Nach der Brücke halten wir uns links und fahren zum Kiesweg hinab, der am Isarufer entlangführt. Nach eineinhalb Kilometern wechseln wir vom holprigen Uferweg auf eine schmale Teerstraße, die uns geradewegs nach **Wegscheid** bringt. Kurz vor dem Ortsende folgen wir einer Querstraße nach links und radeln auf dem unbefestigten Uferweg zur Bretonenbrücke. Auf ihr geht es nach links über die Isar, an der folgenden Wegkreuzung geradeaus Richtung Lenggries-Anger und nach einer Unterführung auf dem Radweg in den Ort. Am Ende des Radweges folgen wir noch kurz der Straße und biegen dann links in die Seekarstraße. Wir radeln bis zu einer Kreuzung am Waldrand, an der wir rechts in die Straße am Hirschbach einbiegen. Hier treffen wir auf eine Vorfahrtsstraße, der wir nach links bis zum **Rathausplatz von Lenggries** folgen.

ÜBER DIE WIESEN NACH GAISSACH

Geradeaus führt die Marktstraße durch das Ortszentrum von Lenggries zur Pfarrkirche. Der Weiterweg biegt am Rathausplatz jedoch rechts in die Geiersteinstraße. Wir folgen jetzt stets der ausgezeichneten Radbeschilderung Richtung Gaißach und Bad Tölz. Am Ortsrand geht es nach links und abwärts zum Leitenweg, in den wir rechts einbiegen. Nach 400 Metern radeln wir rechts in die Straße Am Ried und bald auf einem Kiesweg rechts in die Wiesen hinauf. Wir fahren geradewegs über den Tratenbach nach **Steinbach** und im Rechtsbogen durch den Weiler bis

Am Ufer der Isar entlang geht´s zurück zur Altstadt von Bad Tölz.

vor den Steinbach. Wir halten uns rechts und fahren nun anfangs rechts, dann links des Baches zwei Kilometer sanft aufwärts, bis wir nahe der Draxlalm auf eine Querstraße treffen. Auf ihr geht es nach links und nun immer geradeaus nach **Gaißach-Mühl**.

ZUR TÖLZER ALTSTADT

In Gaißach-Mühl biegen wir links auf die Vorfahrtstraße, radeln unter der Bahnlinie durch und bald abwärts zu einer Vorfahrtsstraße. Auf ihr geht es rechts zur B 13, der wir nach rechts folgen. Nach kurzer Fahrt biegen wir rechts in die Blombergstraße ein, und dann links in die Birkkarstraße. Wir radeln jetzt immer geradeaus, bis wir auf die August-Moralt-Straße treffen. Auf ihr geht es nach links und dann in die zweite Straße, die rechts abgeht. Nach kurzer Fahrt biegen wir an einer Rechtskurve links in einen schmalen Weg, fahren im Linksbogen unter der B 13 hindurch und folgen jenseits kurz der Lenggrieser Straße. Nach links leitet uns ein Radwegweiser zum nahen Isarufer. Immer so nahe wie möglich am Fluss entlang radeln wir nun zurück zur **Altstadt von Bad Tölz**.

AUF EINEN BLICK

Info

STADT/REGION: Bad Tölz
BESTE REISEZEIT: April bis Oktober
TOURISTINFO:
Tourist-Information Bad Tölz, Max-Höfler-Platz 1, 83646 Bad Tölz, Tel. 08041/786 70, bad-toelz.de

AKTIV UNTERWEGS

DIE LEONHARDI-WALLFAHRT VON BAD TÖLZ: Die Heilig-Kreuz-Kirche und die Leonhardikapelle auf dem Bad Tölzer Kalvarienberg sind alljährlich am 6. November Ziel der größten Leonhardi-Wallfahrt im Oberland. Die reich geschmückte Pferdewallfahrt ist ein Muss für alle Pferdeliebhaber und für alle Freunde traditioneller bayerischer Feste.

ÜBERNACHTUNG

POSTHOTEL KOLBERBRÄU: Marktstraße 29, Tel. 08041/768 80, kolberbraeu.de
HOTEL AM WALD: Austraße 39, Tel. 08041/788 30, hotel-wald.de
JUGENDHERBERGE BAD TÖLZ: Am Sportpark 4, Tel. 08041/79 31 80, jugendherberge.de

PANORAMARUNDE BEI BAD TÖLZ

DAUER: 2.45 Std.
HÖHENMETER: 200 Hm auf/ab
LÄNGE: 31 km
SCHWIERIGKEIT: Mittel
AUSGANGS-/ENDPUNKT: Die Isarbrücke an der Altstadt von Bad Tölz
TOURENCHARAKTER: Meist verläuft die Tour auf geteerten Nebenstraßen und Wirtschaftswegen, die mehrmals von gut zu befahrenden Kieswegen unterbrochen werden. Die Anstiege sind kurz und meist nicht allzu steil.
EINKEHR UNTERWEGS: Auf einem Hügel nördlich des Kirchsees liegt das 1618 gegründete Kloster Reutberg. Im Kloster, in dem seit

◀ Blick von der Isarbrücke zum Tölzer Kalvarienberg ▲ In der malerischen Marktstraße von Bad Tölz ▼ Das Klosterbräustüberl in Reutberg

über 300 Jahren Bier gebraut wird, kann man sich im Klosterbräustüberl stärken und den unvergleichlichen Ausblick vom Biergarten aus auf die Berge genießen (klosterbraeustueberl.de).

VON BAD TÖLZ NACH LENGGRIES

DAUER: 2.30 Std.
HÖHENMETER: 150 Hm auf/ab
LÄNGE: 31 km
SCHWIERIGKEIT: Leicht
AUSGANGS-/ENDPUNKT: Die Isarbrücke an der Altstadt von Bad Tölz
TOURENCHARAKTER: Die Tour verläuft zum großen Teil auf unbefestigten Wegen, nur bei Lenggries und auf den letzten Kilometern vor Bad Tölz auf geteerten Nebenstraßen.
EINKEHR UNTERWEGS: Nach dem einzigen etwas längeren Anstieg der Tour bietet die Draxl-Alm eine sonnige Rast in malerischer Landschaft (draxl-alm.de).

DURCH DAS BAYERISCHE OBERLAND

Miesbach

Über die Wallfahrtskirche Allerheiligen geht der Blick in die Berge.

Miesbach ist ein hervorragender Ausgangspunkt für Erkundungstouren am Alpenrand. Im Süden erschließen die tief eingeschnittenen Täler von Leitzach und Schlierach die Bergwelt. Und im Norden durchschneidet das wasserreiche Tal der Mangfall das Alpenvorland.

Mit seinen 11 000 Einwohnern ist Miesbach die kleinste Kreisstadt in Oberbayern. Im 13. Jahrhundert erhielt der Ort im Tal der Schlierach die Marktrechte. Im 17. und 18. Jahrhundert wurde Miesbach ein vielbesuchter **Wallfahrtsort**. Dass heute nur ganz wenige alte Gebäude erhalten sind, liegt am großen Stadtbrand von 1783, bei dem nahezu der gesamte Ort zerstört wurde. Der **historische Ortskern** zieht sich über den steilen Talhang der Schlierach vom Marktplatz über den Stadtplatz nach oben. In Miesbach liegen die Wurzeln der bayerischen Trachtenbewegung und so ist es nicht verwunderlich, dass die **Miesbacher Tracht** Vorbild für viele andere Trachten wurde.

HUNGER UND DURST auf traditionell-bayerische Art stillen kann man in Miesbach am besten am schönen Marktplatz im Bräuwirt (gasthof-braeuwirt.de). Wer es etwas stilvoller mag, dem sei das Restaurant Culinaria an der Schlierseer Straße empfohlen, das mit kreativer Küche überzeugt (culinaria-miesbach.de).

AN DER MANGFALL – WO DAS MÜNCHNER WASSER HERKOMMT

In **Miesbach** folgen wir vom Kreisverkehr nahe dem Bahnhof der Wallenburger Straße nach Norden. Nach 250 Metern geht es links auf der Schützenstraße unter der Bahnlinie hindurch und anschließend folgen wir den Radwegweisern durch das Tal der Schlierach. Wir radeln unter einem Aquädukt durch, folgen bald den Wegweisern links über die Gleise und fahren dann auf einer Teerstraße nach rechts. Auf dieser radeln wir über die **Mangfall** und an der Bahnlinie entlang, bis die Straße rechts über die Gleise führt.

Kunstwerke zur Münchner Wasserversorgung aus dem Mangfalltal

IM TAL DER MANGFALL

Wenige Meter nach dem Bahnübergang biegen wir links in einen Weg, der durchs Mangfalltal führt. Wir folgen nun stets den Radwegweisern, radeln auf breiter Straße durch **Mühltal** und halten uns nach der Autobahnbrücke rechts zur Wirtschaft Maxlmühle. Hier geht es links aufwärts zu einer Wegkreuzung und auf einem steil ansteigenden Teersträßchen zur Straße, auf der wir nach rechts zum Bräustüberl der fürstlichen Graf Arco-Brauerei in **Valley** gelangen.

UM DEN TAUBENBERG

Unser Weg knickt hier nach links und führt uns nach **Unterdarching**. Geradewegs geht es durch das Dorf und an der Gabelung nach der Kirche der Holzkirchner Straße nach rechts. Nach 400 Metern fahren wir links in die Alpenblickstraße und kurz vor der Autobahn rechts in ein schmales Sträßchen. An der Gabelung am Sportplatz halten wir uns links und radeln geradewegs unter der A 8 hindurch. Wir überqueren die Bahnlinie und kurz darauf die Landstraße und gelangen geradewegs in den Wald. An einer Kreuzung folgen wir dem Hauptweg nach rechts und treffen vor dem Golfgelände Valley auf einen Querweg, auf dem wir links nach **Draxlham** radeln.

Dort geht es geradeaus und über die Felder zu einer Vorfahrtsstraße am Ortsrand von **Osterwarngau**. Auf ihr fahren wir wenige Meter geradeaus und danach geradewegs in eine schmale Straße. An der Kreuzung vor einem Hof halten wir uns links und treffen auf die Straße Am Anger, der wir kurz nach links folgen. Bei nächster Gelegenheit biegen wir rechts in die Dorfstraße, die uns zur nahen Kreisstraße führt. Auf ihr geht es nach rechts, wenige Meter nach einer Kapelle nach links und dann geradewegs nach **Oberwarngau**. Wir biegen links in die Lindenstraße und folgen ihr an der Gabelung nach 200 Metern rechts aufwärts. Am Ortsrand auf der Kreisstraße radeln wir nach links, an der sehenswerten **Wallfahrtskirche Allerheiligen** vorbei und über Böttberg zum Weiler **Einhaus**.

8

VORBEI AN DER GOTZINGER TROMMEL

Am Ortsende biegen wir links in eine Nebenstraße und halten uns nach wenigen Metern an der Gabelung wieder links. Auf schönem Sträßchen radeln wir geradewegs nach **Gotzing**. Wir biegen rechts auf die schmale Kreisstraße ein und erreichen nach rasanter Abfahrt die Bahnlinie im Tal der Mangfall. Vor den Gleisen halten wir uns rechts und fahren auf der bekannten Strecke im Schlierachtal nach **Miesbach** zurück.

VON MIESBACH IN DIE BERGE – AN LEITZACH UND SCHLIERACH

Vom Kreisverkehr nahe dem Bahnhof von **Miesbach** mühen wir uns über die Frühlingsstraße, den Stadtplatz und die Rosenheimer Straße zur B 472 hoch, die geradewegs überquert wird. Nun geht es auf dem Radweg nach Parsberg, wo wir den Radwegweisern nach rechts folgen und angestrengt aufwärts zu einer Kreuzung bei Litzelau gelangen. Hier biegen wir links ab und radeln im Auf und Ab nach **Wörnsmühl**. Im Ort folgen wir der Vorfahrtsstraße nach links und biegen nach der Leitzachbrücke rechts in das Sträßchen Drachenthal.

◀ Blumengeschmückter Hof in Fischhausen ▶ Am Ufer des Schliersees

Am Schliersee legen wir eine verdiente Rast ein.

IM LEITZACHTAL NACH FISCHBACHAU

Nach einer weiteren Brücke über die Leitzach geht es links in eine mit Schranke gesperrte Forststraße. Hinter einer Furt führt uns ein kurzer Anstieg aufwärts zu einer Weggabelung. Wir halten uns links und radeln über die Leitzach in den Weiler Oberachau. An der Gabelung vor dem Hofcafé Beim Melchern fahren wir nach rechts und an der nächsten Gabelung wieder nach rechts. An der folgenden Kreuzung radeln wir geradeaus auf einen bewaldeten Hügel und biegen dort nach einer Hütte links ab. Auf dem schmalen Sträßchen geht es geradewegs aufwärts zu einer Querstraße, der wir nach rechts folgen. Bis Hausham weist uns jetzt die Beschilderung des Bodensee-Königssee-Radweges den Weg. In sanftem Auf und Ab radeln wir nach **Fischbachau** und folgen der Hauptstraße nach rechts zum ehemaligen Kloster.

8

DIE IM KERN romanische Münsterkirche St. Martin des ehemaligen Klosters Fischbachau wurde um das Jahr 1100 erbaut und begeistert mit verschwenderischer Rokoko-Kunst im Inneren. Die schon 1087 geweihte Alte Pfarrkirche, die heutige Friedhofskirche Mariä Schutz, wirkt mit gotischen Fresken und gotisch-barocker Ausstattung angenehm schlicht.

ZUM MALERISCHEN SCHLIERSEE

Kurz nach dem Kloster biegen wir rechts ab in eine Seitenstraße. An der Kreuzung nach der Leitzachbrücke fahren wir nach links zur Landstraße und auf ihr nach rechts zur B 307, die nahe der Kapelle von Aurach überquert wird. Wir radeln links am Gasthof Aurach vorbei und überqueren nach zwei Kilometern die Spitzingseestraße. Nach eineinhalb Kilometern

Teils auf Wirtschaftswegen radeln wir durch das Tal der Leitzach.

folgen wir der Josefstaler Straße rechts durch **Neuhaus** zur B 307. Hier fahren wir nach links und nach 300 Metern wieder links zum Bahnhof von Neuhaus. Wir folgen kurz der Bahnlinie und radeln dann rechts unter den Gleisen hindurch ins malerische **Fischhausen** am Ufer des Schliersees.

AN DER SCHLIERACH ENTLANG NACH MIESBACH

Vor dem Schliersee radeln wir nach links, bald am Westufer des Schliersees an den Gleisen entlang und über einen Parkplatz zu einer Querstraße, der wir nach links folgen. Bald geht es auf einer Vorfahrtsstraße rechts abwärts zum Ortsrand von **Schliersee** und dort links in die Schlierachstraße. Sie führt uns geradewegs nach **Hausham**. Dort geht es über die Landstraße in die Erlmoosstraße. Geradewegs radeln wir aus dem Ort und bald an einer Gabelung rechts am Müller zu Kasten vorbei zur Alten Miesbacher Straße. Auf ihr fahren wir nach links und kommen, den Radwegweisern folgend, geradewegs, zum Schluss auf schmalem Kiesweg, zur Bahnhaltestelle **Agatharied**. Vor ihr radeln wir rechts über die Gleise und links auf einen Fußweg. Er geht nach der Bahnstation in eine schmale Straße über, der wir geradewegs folgen. Auf einem Radweg fahren wir weiter Richtung Miesbach. Er endet an einer Querstraße, auf der wir links durch das Tal der Schlierach nach Miesbach radeln. Geradewegs gelangen wir in die Stadt, vor dem historischen Ortszentrum halten wir uns links, sodass wir in die Rathausstraße und geradewegs zum nahen **Bahnhof Miesbach** gelangen.

AUF EINEN BLICK

Info

STADT/REGION: Miesbach-Schliersee
BESTE REISEZEIT: April bis Oktober
TOURISTINFO: Tourismusverband Alpenregion Tegernsee Schliersee, Hauptstraße 2, 83684 Tegernsee, Tel. 08022/927 38 90, tegernsee-schliersee.de

AKTIV UNTERWEGS

DAS FREILUFTMUSEUM MARKUS WASMEIER: In Neuhaus nahe dem Schliersee findet man das Freilichtmuseum Markus Wasmeier. Mit viel Liebe zur Heimat hat hier die Familie Wasmeier ein wundervolles altbayerisches Dorf geschaffen. In den alten Höfen und Gebäuden, die von ihren ursprünglichen Standorten hierher versetzt wurden, kann man einiges über traditionelle Handwerke erfahren. Und fürs leibliche Wohl wird im Wirtshaus Beim Wofen mit bayerischen Schmankerln gesorgt (geöffnet Di bis So 10-17 Uhr, feiertags auch Mo geöffnet, wasmeier.de).

ÜBERNACHTUNG

BEST WESTERN PREMIER BAYERISCHER HOF MIESBACH: Oskar-von-Miller-Straße 2–4, Tel. 08025/28 80, bayerischerhof-online.de
GASTHOF BRÄUWIRT: Marktplatz 3, Tel. 08025/56 33, gasthof-braeuwirt.de
PENSION WENDELSTEIN: Bayrischzeller Straße 19, Tel. 08025/78 02, pension-wendelstein.de

AN DER MANGFALL

DAUER: 3.45 Std.
HÖHENMETER: 300 Hm auf/ab
LÄNGE: 43 km
SCHWIERIGKEIT: Mittel
AUSGANGS-/ENDPUNKT: Der Bahnhof von Miesbach
TOURENCHARAKTER: Ein Großteil der Tour verläuft auf geteerten Nebenstraßen und Wirtschaftswegen, nur kürzere Wegstrecken sind unbefestigt. Die Tour führt, abgesehen von zwei anstrengen-

◀ Im Zentrum von Miesbach ▶ Die Gotzinger Trommel

deren Anstiegen, in meist recht sanftem Auf und Ab rund um den Taubenberg.
EINKEHR UNTERWEGS: Im winzigen Dörfchen Gotzing ist der Gasthof Gotzinger Trommel ein beliebter Radlertreff. Die traditionsreiche Wirtschaft kann auf eine über 300-jährige Geschichte zurückblicken. Der historische Name des Wirtshauses geht auf einen Trommler zurück, der im Jahre 1705 am Aufstand der Oberländer Bauern gegen die Österreichischen Besatzer teilgenommen haben soll (Tel. 08020/17 28, gotzinger-trommel.de)

VON MIESBACH IN DIE BERGE

DAUER: 3.30 Std.
HÖHENMETER: 400 Hm auf/ab
LÄNGE: 39 km
SCHWIERIGKEIT: Schwer
AUSGANGS-/ENDPUNKT: Der Bahnhof von Miesbach
TOURENCHARAKTER: Die Tour verläuft meist auf schmalen Nebenstraßen, teils auch auf unbefestigten Rad- und Wirtschaftswegen. Zwischen Miesbach und Fischbachau sind einige anstrengende Anstiege zu bewältigen, die restliche Runde ist nahezu flach.
EINKEHR UNTERWEGS: In den ehemaligen Klostergebäuden in Fischbachau lockt das urige Klosterstüberl mit traditioneller bayerischer Küche. Besonders im schönen Biergarten im schattigen Innenhof lässt sich gut rasten (Tel. 08028/90 94 11, klosterstueberl.com).

RUND UM MANGFALL, INN UND GLONN

Bad Aibling

Kurz vor Rosenheim führt ein Abstecher zum Happinger See.

Das sanft gewellte Hügelland und die flachen Moorlandschaften rund um die Täler von Mangfall, Inn und Glonn bieten ein ideales Terrain für erholsame Radtouren. Zahlreiche kulturelle Highlights und herrliche Blicke auf die Berge lassen keine Langeweile aufkommen.

Bad Aibling kann auf eine lange Geschichte zurückblicken, die bis in die Zeiten von Kelten und Römern reicht. Ab 788 beherbergte Aibling eine karolingische Pfalz und im Jahre 1321 erhielt der Ort das Stadtrecht. Mitte des 19. Jahrhunderts entstand hier das erste **Moorheilbad** Bayerns. 2002 stieß man bei Bohrungen in über 2000 Meter Tiefe auf heilkräftiges Thermalwasser. In den folgenden Jahren wurde das **Thermalbad Bad Aibling** erbaut, das 2007 eröffnet wurde und zahlreiche Gäste aus Nah und Fern anlockt. Zentrum von Bad Aibling ist der **Marienplatz** mit seiner Pestsäule.

HERRLICHE ENTSPANNUNG bietet die wundervolle Therme Bad Aibling. Auf über 10 000 Quadratmetern kann man in den verschiedene Außen- und Innenbecken und in der abwechslungsreichen Saunalandschaft nach einer langen Radtour die Seele baumeln lassen (therme-bad-aibling.de).

DIE PERFEKTE EINKEHR abseits des Verkehrs bietet in Bad Aibling die Hofer Stubn. Auf der Terrasse kann man modern-traditionelle Köstlichkeiten mit Blick über die Stadt auf die Berge genießen (hofer-stubn.bayern).

VON BAD AIBLING NACH ROSENHEIM – ZWISCHEN MANGFALL UND INN

Vom **Bahnhof Bad Aibling** radeln wir auf schmalem Radweg entlang der Gleise nach Westen bis zu einer Straße, wo wir nach links über die Gleise und dann nach rechts in eine Nebenstraße abbiegen. Nach 50 Metern fahren wir nach links auf einen Radweg, der bis Au der aufgelassenen Bahnlinie nach Bad Feilnbach folgt. Es geht immer geradeaus und bald über die Mangfall zu einer Wegkreuzung. Der Radweg führt uns gerade-

9

aus über Willing nach Dettendorf. Hier radeln wir geradewegs über die Hauptstraße und danach unter der A 8 hindurch auf einen Wirtschaftsweg. Es geht weiterhin geradeaus, bis wir auf eine Querstraße treffen. Auf der schmalen Straße fahren wir nach links, an der nächsten Kreuzung nach rechts und geradeaus bis zur Hauptstraße im nahen Au.

ZUM MOORERLEBNISPFAD

Wir fahren über die Hauptstraße in den Weitmoosweg und halten uns an der folgenden Gabelung links. So kommen wir aus dem Ort zu einer Kreuzung, auf der wir rechts zu einer Querstraße gelangen, der wir nach links bis vor den Campingplatz und wiederum nach links zur Landstraße folgen. Auf ihr geht es kurz nach rechts und nach der Brücke links auf eine Nebenstraße. Nach wenigen Metern fahren wir nach rechts auf einen

Der Max-Josefs-Platz ist das Herz der Altstadt von Rosenheim.

Wirtschaftsweg und an der folgenden Gabelung wieder nach rechts. Nach knapp einem Kilometer biegen wir nach links auf ein Teersträßchen ab und radeln geradeaus zu einer Straße, der wir rechts am **Gasthof Moosmühle** vorbei zu einer Querstraße folgen. Auf ihr geht es links zu einer Kreuzung in **Wiechs**, an der wir nach links aus dem Dorf zu einer Querstraße und auf dieser wieder nach links fahren. An einer ersten Gabelung geht es nach links und an der folgenden nach rechts zum Moorerlebnispfad Sterntaler Filze.

AM INN ENTLANG NACH ROSENHEIM

Der Weg knickt nach rechts und führt uns zu einer Gabelung, an der wir links auf ein Teersträßchen wechseln. Bald halten wir uns links, um nach **Kleinholzhausen** zu gelangen und folgen den Wegweisern des Bodensee-Königssee-Radwegs über **Spöck** Richtung Kirchdorf. So geht es über die Autobahn und unter der Bahnlinie und Landstraße hindurch zur Kirche von **Kirchdorf**.

Ein Dammweg führt an der Mangfall entlang zurück nach Bad Aibling.

Auf der Hauptstraße radeln wir nach links und an der nächsten Kreuzung nach rechts aus dem Ort. Gegenüber der letzten Häuser biegen wir links in einen Kiesweg, der auf der linken Seite des Litzeldorfer Baches nach Norden führt. Bald trifft von rechts der Inn-Radweg, dessen Wegweisern wir nun bis **Rosenheim** folgen, auf unseren Dammweg. Schließlich erreichen wir nach einem Themenpark zum Inn in Rosenheim die Innbrücke. Wir fahren nach links auf der Innstraße zum Ludwigsplatz und schieben die Räder nach links zum malerischen Max-Josefs-Platz.

IM MITTELALTER KAM das an der Mündung der Mangfall in den Inn gelegene Rosenheim durch Salzhandel und Innschifffahrt zu Wohlstand. 1810 erhielt es nach der Fertigstellung der Soleleitung von Berchtesgaden und Bad Reichenhall eine Saline und 1864 wurde es zur Stadt erhoben. Wenige Schritte vom zentralen Max-Josefs-Platz entfernt findet man im Mittertor das sehenswerte Städtische Museum.

AM MANGFALLUFER NACH BAD AIBLING

Über den Max-Josefs-Platz erreichen wir geradewegs die Rathausstraße, die uns links zur Mangfall führt. Wir biegen vor der Brücke rechts in den Mangfall-Radweg, der uns zurück nach Bad Aibling leitet. Bald werden Bahnlinie und B 15 unterquert und wir fahren am Mangfallkanal entlang nach **Kolbermoor**. Hier geht es nach links über den Mangfallkanal und die Mangfall, wo wir uns rechts halten und am Südufer des Flusses zur Radlerbrücke am Rand von Bad Aibling gelangen. Nach rechts radeln wir auf bekanntem Weg zurück zum **Bahnhof Bad Aibling**.

Nicht zu übersehen, welchem Fluss wir nach Rosenheim folgen.

9

VON BAD AIBLING NACH NORDEN – RUND UM DAS TAL DER GLONN

Vom **Bahnhof Bad Aibling** radeln wir nach links auf schmalem Radweg an den Gleisen entlang nach Westen bis zu einer Straße. Auf ihr geht es nach links über die Gleise und dann nach rechts in eine Nebenstraße. Nach 50 Metern biegen wir links auf einen Radweg, der uns über die Mangfall zu einer Wegkreuzung führt. Wir fahren nach rechts auf den Mangfall-Radweg und folgen nach vier Kilometern neben einer schmalen Brücke den Wegweisern des Sempt-Mangfall-Radweges nach rechts. Nach dem Triftbach geht es rechts in die Weihenlindener Straße und geradewegs nach **Weihenlinden**.

DIE WALLFAHRTSKIRCHE WEIHENLINDEN besticht mit einer sehenswerten Barockausstattung. Sie entstand über einer nach einem Gelübde aus dem Dreißigjährigen Krieg errichteten Kapelle, bei deren Bau man auf eine heilkräftige Quelle stieß.

Immer wieder geht der Blick zu den Felszinnen des Wilden Kaisers.

Das Renaissance-Schloss von Maxlrain ist in Privatbesitz.

ÜBER BEYHARTING NACH TUNTENHAUSEN

Wir radeln geradewegs an der Wallfahrtskirche vorbei und folgen den Radwegweisern Richtung Innerthann und Beyharting, die uns durch sanft gewelltes Hügelland zur Glonn leiten. Nach der Brücke geht es rechts nach **Innerthann**, nach der Kapelle dann rechts zur Glonn und geradeaus weiter zur Hauptstraße in **Beyharting**, wo wir rechts durch den Torbogen zum ehemaligen Kloster gelangen.

DIE IM KERN gotische Kirche des im 12. Jahrhundert gegründeten Klosters Beyharting besitzt eine herrliche barocke Innenausstattung. Um 1730 schuf Johann Baptist Zimmermann die Fresken und den Stuck.

Von der Kirche radeln wir rechts auf der Hauptstraße durch den Ort und biegen nach 400 Metern rechts in die Kellerstraße ein. 200 Meter nach dem letzten Haus geht es nach rechts in einen Wirtschaftsweg, bald auf einem Querweg nach links zu einer Teerstraße und auf ihr rechts zu einem Kreisverkehr am Ortsrand von Tuntenhausen. Hier fahren wir geradeaus und dann links auf der Graf-Arco-Straße zur Wallfahrtskirche von **Tuntenhausen**.

Die Wallfahrtskirche von Tuntenhausen mit den markanten Türmen

SEIT EINEM ERSTEN Marienwunder im Jahre 1441 gibt es die Wallfahrt nach Tuntenhausen, die sich zu einer der größten in Altbayern entwickelte. Anfang des 16. Jahrhunderts wurden die wuchtigen Doppeltürme erbaut und 1630 wurde das Kirchenschiff geweiht. Im Inneren begeistern neben dem Hochaltar mit der Gnadenfigur der thronenden Muttergottes (1548) die zahllosen alten Votivtafeln.

AUF STILLEN WEGEN NACH MAXLRAIN

Auf der Kirchplatz genannten Straße fahren wir links um die Kirche zur Hilpertinger Straße, der wir nach rechts folgen. Nach einem Kilometer geht es rechts nach Emling, dort nach rechts und auf der Kiesstraße zur Kreisstraße. Auf ihr radeln wir nach links und nach 300 Metern rechts ins nahe Schmidhausen. Hier fahren wir auf der Querstraße nach links und über Jakobsberg, Fischbach und am Golfplatz Maxlrain vorbei zur Landstraße, die uns links nach 600 Metern zur **Schlossbrauerei Maxlrain** bringt. Links führt ein kurzer Abstecher an der Schlosswirtschaft vorbei zum malerischen Renaissanceschloss Maxlrain. Das im Jahre 1585 fertig gestellte Schloss mit vier Ecktürmen kann nicht besichtigt werden.

ENTLANG DER GLONN NACH BAD AIBLING

Gegenüber der Brauerei beginnt ein Radweg, auf dem wir an der Landstraße entlang nach Süden radeln. Nach kurzer Strecke leiten uns die Radwegweiser im Zickzack von der Straße weg in den Weiler Wilpasing.

9

Kurz bevor wir wieder auf die Landstraße treffen, biegen wir links in den Moosbachweg, der uns nach **Mietraching** bringt. Dort folgen wir den Radwegweisern in die erste Straße auf der linken Seite und fahren nach 100 Metern links in einen schmalen Weg. An der folgenden Kreuzung geht es links über die Glonn und nach der Brücke rechts in ein schmales Sträßchen, das an der Glonn entlang zum Ortsrand von Bad Aibling läuft. Wir radeln geradewegs durch den Ortsteil **Thürham**, bis wir auf die Thürhamer Straße stoßen. Auf ihr kurz nach rechts und dann links in die Hofmühlstraße. An ihrem Ende radeln wir rechts über die Glonn und dann links auf der Färbergasse zum Marienplatz im Herzen von Bad Aibling. Wir überqueren rechts die Glonn und biegen nach der Brücke links in die Bahnhofstraße, die uns zurück zum **Bahnhof von Bad Aibling** bringt.

AUF EINEN BLICK

Info

STADT/REGION: Bad Aibling
BESTE REISEZEIT: April bis Oktober
TOURISTINFO: Tourist-Information Bad Aibling, Wilhelm-Leibl-Platz 3, 83043 Bad Aibling, Tel. 08061/908 00, aib-kur.de

AKTIV UNTERWEGS

DER LOKSCHUPPEN IN ROSENHEIM: An der Rathausstraße in Rosenheim liegt das weithin bekannte Ausstellungszentrum Lokschuppen, für das eine alte Lokomotiven-Remise umgestaltet wurde. Die wechselnden, aufwendig gestalteten Großausstellungen zu unterschiedlichen Themen wie Wikinger oder Saurier begeistern Groß und Klein (lokschuppen.de).

ÜBERNACHTUNG

ROMANTIK HOTEL DAS LINDNER: Marienplatz 5, Tel. 08061/906 30, das-lindner.com
AKZENT HOTEL JOHANNISBAD: Rosenheimer Straße 45, Tel. 08061/934 60, hoteljohannisbad.de
HOTEL ST. GEORG: Ghersburgstraße 18, Tel. 08061/49 70, sanktgeorg.com

VON BAD AIBLING NACH ROSENHEIM

DAUER: 4.15 Std.
HÖHENMETER: 70 Hm auf/ab
LÄNGE: 52 km
SCHWIERIGKEIT: Leicht
AUSGANGS-/ENDPUNKT: Der Bahnhof von Bad Aibling
TOURENCHARAKTER: Die Runde verläuft auf längeren Abschnitten auf gut zu befahrenden Kieswegen, auf der übrigen Strecke auf geteerten Radwegen und Nebenstraßen. Die Tour ist nahezu steigungsfrei.
EINKEHR UNTERWEGS: Bestens rasten lässt sich auf dem malerischen Max-Josefs-Platz im Herzen von Rosenheim. Hier stehen

◀ Ebenes Land zwischen Mangfall und Inn ▶ Frühling in Bad Aibling

traditionsreiche bayrische Wirtschaften wie das Gasthaus Zum Stockhammer oder der Gasthof Zum Santa ebenso zur Auswahl wie die gemütlichen Cafés Bergmeister und Dinzler.

VON BAD AIBLING NACH NORDEN

DAUER: 2.45 Std.
HÖHENMETER: 150 Hm auf/ab
LÄNGE: 33 km
SCHWIERIGKEIT: Leicht
AUSGANGS-/ENDPUNKT: Der Bahnhof von Bad Aibling
TOURENCHARAKTER: Die Tour verläuft meist auf schmalen, wenig befahrenen Nebenstraßen, kürzere Strecken auch auf unbefestigten, aber durchwegs gut zu befahrenden Rad- und Wirtschaftswegen. Im sanft gewellten Hügelland sind die Anstiege nie allzu lang oder steil.
EINKEHR UNTERWEGS: Im urigen Bräustüberl von Maxlrain wird typisch bayerisch-bodenständige Küche serviert. Dazu gibt es das vielfach ausgezeichnete Bier der Schlossbrauerei Maxlrain, die auf eine fast 400-jährige Geschichte zurückblicken kann (Tel. 08061/924 22, maxlrainer-braeustueberl.de).

RUND UM DIE INNSCHÖNHEIT

Wasserburg

Die Altstadt von Wasserburg liegt in einer engen Innschleife.

10

In einer engen Flussschleife liegt Wasserburg, die mittelalterliche Stadtperle am Inn. Von der wundervollen Altstadt aus erkunden wir das Umland rechts und links vom Inn. Hier begeistern kunstvolle Klosterkirchen und grenzenlose Ausblicke.

Wasserburg, das durch seine strategisch günstige Lage an einer alten Handelsstraße und am Inn zu Wohlstand kam, begeistert mit seiner gut erhaltenen **mittelalterlichen Altstadt**. Man schlendert durch enge Gassen und über malerische Plätze, die von den typischen Handelshäusern mit den geschlossenen Fassadenfronten im **Inn-Salzach-Stil** und lauschigen Arkadengängen eingefasst werden. Prachtvoll ist der Blick von der Innbrücke auf die Silhouette der Altstadt und auf das **Brucktor** von 1470. Das Stadtzentrum wird überragt vom 1457 erbauten **Rathaus**, von der gotischen Frauenkirche mit Stadtturm und barocker Innenausstattung und von der 1410 erbauten gotischen **Stadtpfarrkirche**. Über der Altstadt wacht die zum herzoglichen Renaissance-Schloss umgebaute Burg mit der gotischen **Burgkapelle**.

ERHOLUNG BEIM BADEN UND SAUNIEREN bietet in Wasserburg das große Badezentrum Badria. Zahlreiche Wasserbecken, Rutschen und Saunen lassen keine Langeweile aufkommen (badria.de).

FEINE KÜCHE kann man mitten in der Altstadt von Wasserburg im Restaurant Weisses Rössl genießen. Im Altstadthaus mit der schmucken Fassade wird man mit lecker-kreativen Gerichten verwöhnt (weisses-rössl.de).

VON WASSERBURG NACH SÜDEN – KLOSTERKIRCHEN ÜBER DEM INN

Vom **Wasserburger Rathaus** fahren wir nach rechts und am Ende des Marienplatzes nach links durch das Brucktor und über den Inn. Den Radwegweisern folgend geht es nach 300 Metern von der Hauptstraße

10

rechts in den Klosterweg und nach wenigen Metern links in die schmale Surauerstraße. Jetzt radeln wir geradeaus bis wir auf die Watzmannstraße stoßen, auf der wir nach links fahren und geradeaus über zwei Kreisverkehre zum Stadtrand gelangen.

ZUR KLOSTERKIRCHE IN ROTT

Wir biegen rechts in die Straße Am Burgfrieden und nach einem Kilometer links in das schmale Teersträßchen ein, das uns zum Weiler Spielberg hinaufführt. Den Radwegweisern folgend fahren wir geradewegs durch

Blick über die Klosterkirche Attel zu den Alpen

Kerschdorf und Laiming und dann abwärts zur Landstraße. Hier geht es nach links und nach 150 Metern rechts über die Straße ins nahe Altenhohenau. In der Klosterkirche sind wertvolle barocke Altäre, Fresken und ein frühgotisches Kruzifix zu bestaunen.
Noch vor der Klosterkirche biegen wir links in eine schmale Straße, die uns zurück zum Radweg an der Landstraße führt. Auf ihm fahren wir nach rechts und bald abwärts zum Inn und über den Fluss. Nach der Brücke geht es links auf den Dammweg, der uns nach vier Kilometern zu einer Straße bringt, auf der wir nach rechts und in Lengdorf über die B 15 geradewegs in die Auseestraße gelangen. An der nächsten Kreuzung fahren wir scharf links und dann rechts den Radwegweisern folgend hinauf zur Klosterkirche von Rott.

DIE KIRCHE DES ehemaligen Benediktinerklosters Rott wurde Mitte des 18. Jahrhunderts von Johann Michael Fischer neu erbaut. Im reich geschmückten Innenraum begeistern insbesondere der Hochaltar von Ignaz Günther und das riesige Deckenfresko von Matthäus Günther.

Die Klosterkirche von Rott begeistert mit meisterlicher Barockkunst.

IM AUF UND AB ZUM KLOSTER ATTEL

Von der Klosterkirche fahren wir rechts über den Marktplatz in die Münchner Straße und wechseln dann geradewegs auf die Haager Straße. In Meiling geht es nach rechts auf eine Nebenstraße, die uns abwärts nach Katzbach bringt. Hier fahren wir nach rechts und 200 Meter nach der Bahnunterführung nach links auf eine schmale Nebenstraße. An der Kreuzung nach einem Hof geht es nach links und hinter dem nahen Katzbach nach rechts. Nach 200 Metern halten wir uns an einer Gabelung links und gelangen geradewegs zu einer Querstraße. Auf ihr fahren wir nach links zu einer zweispurigen Straße, der wir nach links folgen. Bald geht es nach rechts über die Attel und dann nach rechts auf den Dammweg, auf dem wir bis vor die B 15 radeln. Rechts unter der Bundesstraße hindurch erreichen wir in Elend den Innradweg, dem wir nun bis Wasserburg folgen. Wir fahren ein Stück am Inn entlang und dann nach links steil zum Kloster Attel hinauf.

10

DIE BAROCKE KLOSTERKIRCHE von Attel besticht durch den feinen Stuck, die eindrucksvollen Barock- und Rokoko-Altäre und das spätromanische Kruzifix im Kreuzaltar. In der Vorhalle ist ein römischer Weihealtar von 204 n. Chr. zu bestaunen.

ZURÜCK IN DIE ALTSTADT VON WASSERBURG

Nach dem Klostergelände biegen wir rechts in eine schmale Nebenstraße ein, die uns zum Weiler Kornberg bringt. Hier fahren wir nach rechts und über die Weiler Au, Reisach und Gern und schließlich durch den Wasserburger Ortsteil **Gabersee** bis zu einem Kreisverkehr an der Münchner Straße. Wir fahren nach rechts zu einem weiteren Kreisverkehr, links in eine Nebenstraße und nach wenigen Metern rechts auf der Köbingerbergstraße abwärts zur Münchner Straße. Auf ihr geht es nach links und an der Gabelung wieder nach links zu einem Kreisverkehr. Wir radeln rechts über den Bahnhofsplatz in die Altstadt von Wasserburg, biegen danach links in den Weberzipfel ein und erreichen über die Ledererzeile geradewegs die Hofstatt. Rechts geht es über die Salzsenderzeile zurück zum **Marienplatz**.

Memento Mori am Beichtstuhl in der Klosterkirche von Rott

10

VON WASSERBURG ZUM SOYEN-SEE – VOM INN INS HÜGELLAND

Vom Wasserburger Rathaus radeln wir über den Marienplatz links in die Tränkgasse und vor einer Kapelle rechts in die Landwehrstraße. Nun geht es geradeaus, bis uns die Radwegweiser rechts zum Inndamm leiten. Den Wegweisern des Innradweges folgend fahren wir nach links, am Inn entlang ins Dörfchen Zell und anstrengend aufwärts zur B 15. Das Sträßchen schwenkt nach rechts und führt uns parallel zur Bundesstraße aufwärts. An seinem Ende geht es nach rechts und durch Thal zu einer Kreuzung, an der der Rückweg links nach Seeburg abzweigt.

Wir machen aber noch geradeaus einen Abstecher zum Soyensee. Geradwegs überqueren wir den Hügel, auf dem Kitzberg liegt. In Soyen treffen wir auf die Vorfahrtsstraße, die uns links über die Bahnlinie zum nahen Strandbad am Soyensee führt. Von hier kehren wir dann auf gleicher Strecke zur Kreuzung zurück, an der wir rechts nach Seeburg abbiegen.

Im Dörfchen Zell beginnt der Aufstieg ins Hügelland.

Der schlanke Kirchturm von Kirchreit überragt das Hügelland.

IM AUF UND AB ZUM KLOSTER ATTEL

Wir fahren über die Bahnlinie und geradewegs durch Seeburg bis vor die B 15. Im Rechtsbogen radeln wir unter der Bundesstraße hindurch und biegen dann rechts auf ein Kiessträßchen, das sich über die Wiesen schlängelt. Nach Wendling geht es ein kurzes Stück durch den Wald und dann nach rechts wieder auf die Wiesen. An der Kreuzung bei Schwarzöd fahren wir geradeaus und anschließend aufwärts zu einem Teersträßchen, das geradewegs gequert wird. An der folgenden Weggabelung geht es links zu einer Vorfahrtsstraße, die wir überqueren. Wir radeln auf schmaler Teerstraße bis zur nächsten Kreuzung und dort geradewegs auf einen Wirtschaftsweg. An der nächsten Kreuzung bei **Hart** biegen wir links in einen Kiesweg ein und radeln aufwärts zur Kreuzung am herrlich gelegenen Gutshof der Familie Meggle.

In dem stillen Soyensee spiegelt sich die Landschaft.

Wir biegen rechts auf einen Kiesweg ein und nach kurzer Fahrt links auf ein Teersträßchen, das abwärts nach **Schreiern** läuft. Unser Weg knickt hier nach rechts und nach 500 Metern überqueren wir geradewegs eine breitere Straße. Kurz nach Gröben halten wir uns an einer ersten Gabelung rechts und an der folgenden links. Über **Unterunterach** radeln wir auf schmalem Sträßchen nach **Oberunterach**. Hier fahren wir auf der Vorfahrtsstraße nach links und über die B 304 nach **Brandstätt**. Bei erster Gelegenheit biegen wir links ab und gelangen bald über die Bahnlinie und an Ötz vorbei auf einen Wirtschaftsweg. Er führt uns im Bogen nach Wolfrain. An der Kreuzung neben der Kapelle geht es geradeaus auf den Kiesweg, der uns geradewegs durch den Wald zu einer breiten Straße bringt. Wir überqueren die Straße und folgen geradeaus dem breiten Hauptweg. Nach 700 Metern halten wir uns an einer Gabelung rechts und kurz darauf links und erreichen bald eine Weggabelung vor den ersten Häusern von **Dirnhart**.

Auf der Dorfstraße geht es nach 400 Metern rechts über den Dorfplatz zur breiten Kreisstraße. Auf ihr radeln wir 200 Meter nach rechts und dann nach links auf einer Nebenstraße durch **Breitbrunn** zu einer Querstraße. Wir fahren rechts über die Bahnlinie nach Kumpfmühl und aufwärts nach **Roßhart**. Hier folgen wir der Vorfahrtsstraße links Richtung Edgarten und biegen an der nächsten Kreuzung wieder nach links ab. Auf der Hauptstraße geht es über mehrere Anstiege hinauf zur B 15. Vorsichtig überqueren wir die viel befahrene Straße und mühen uns einen steilen Berg hinauf zu einer Kreuzung in **Kornberg**. Geradewegs kann man einen Abstecher zur ca. eineinhalb Kilometer entfernten Klosterkirche von **Attel** unternehmen.

10

ZURÜCK NACH WASSERBURG

Wir biegen hier nach links ab und radeln über die Weiler Au, Reisach und Gern und schließlich durch den Wasserburger Ortsteil **Gabersee** bis zu einem Kreisverkehr an der Münchner Straße. Wir fahren rechts zu einem weiteren Kreisverkehr, links in eine Nebenstraße und nach wenigen Metern rechts auf der Köbingerbergstraße abwärts zur Münchner Straße. Auf ihr geht es nach links und an der Gabelung wieder links zu einem Kreisverkehr. Wir radeln nach rechts über den Bahnhofsplatz in die Altstadt von Wasserburg, biegen dann links in den Weberzipfel und erreichen geradewegs die Hofstatt. Rechts geht es zurück zum **Marienplatz**.

AUF EINEN BLICK

Info

STADT/REGION: Wasserburg am Inn
BESTE REISEZEIT: April bis Oktober
TOURISTINFO: Tourist-Information Wasserburg, Marienplatz 2, 83512 Wasserburg am Inn, Tel. 08071/105 22, wasserburg.de

AKTIV UNTERWEGS

MUSEUM WASSERBURG: In einem prächtigen spätgotischen Bürgerhaus in der Herrengasse ist das Museum Wasserburg untergebracht. Neben wechselnden Ausstellungen führt die Dauerausstellung durch 3000 Jahre Kultur- und Stadtgeschichte (wasserburg.de/museum).

ÜBERNACHTUNG

HOTEL FLETZINGER: Fletzingergasse 3, Tel. 08071/90 40 90, fletzinger.de
GASTHOF PAULANERSTUBEN: Marienplatz 9, Tel. 080717/39 03, paulanerstuben-wasserburg.de
CAMPING SOYENSEE: Seestraße 28, 83564 Soyen, Tel. 08071/38 60, soyensee.de

VON WASSERBURG NACH SÜDEN

DAUER: 3.30 Std.
HÖHENMETER: 270 Hm auf/ab
LÄNGE: 38 km
SCHWIERIGKEIT: Mittel
AUSGANGS-/ENDPUNKT: Das Rathaus am Marienplatz in der Altstadt von Wasserburg
TOURENCHARAKTER: Ein Großteil der Tour verläuft auf geteerten Nebenstraßen, kurze Abschnitte auch auf unbefestigten Rad- und Wirtschaftswegen. Es geht im Auf und Ab über die Randhöhen des Inntals. Die Anstiege zu den Klosterkirchen von Rott und Attel sind recht steil.

◀ In der gotischen Stadtkirche von Wasserburg ▲ Bunte Hausfassaden in der Wasserburger Herrengasse ▼ Altstadtcharme in Wasserburg

EINKEHR UNTERWEGS: In der Nähe der Klosterkirche von Rott locken mit dem Landgasthof Stechl und dem Bräustüberl Rott gleich zwei zünftig-bayerische Einkehrmöglichkeiten mit bodenständiger Küche und schönem Biergarten.

VON WASSERBURG ZUM SOYENSEE

DAUER: 3.30 Std.
HÖHENMETER: 370 Hm auf/ab
LÄNGE: 37 km
SCHWIERIGKEIT: Schwer
AUSGANGS-/ENDPUNKT: Das Rathaus am Marienplatz in der Altstadt von Wasserburg
TOURENCHARAKTER: Abgesehen von kurzen, mäßig stark befahrenen Abschnitten durchwegs verkehrsarme oder verkehrsfreie Nebenstraßen und Wirtschaftswege. Lediglich im Stadtgebiet von Wasserburg etwas stärkerer Verkehr. Die Tour führt in ständigem Auf und Ab durch das Hügelland westlich des Inn. Vor allem die Anstiege zwischen Roßhart und Kornberg, nach Zell und vor Kitzberg sind recht steil.

AM NORDUFER DES CHIEMSEES

Seebruck

Der Jachthafen von Seebruck vor den Chiemgauer Alpen

11

Über die Jahrtausende zog die beschauliche Landschaft an der Alz und am Chiemsee mit ihren sanften Hügeln und zahlreichen Seen die Menschen an. Auf unseren Runden erleben wir eine kulturelle Fülle, die von den Kelten über die Römer und das Mittelalter bis heute reicht.

Die Landschaft am Nordufer des Chiemsees ist uraltes Kulturland. Die Kelten hinterließen hier ihre deutlichen Spuren. Im ersten nachchristlichen Jahrhundert übernahmen dann die Römer für Jahrhunderte die Herrschaft. Schon im 7. Jahrhundert entstand auf der Herreninsel ein Kloster, das damit als das älteste in Bayern gilt. Im 8. Jahrhundert folgte Kloster Frauenchiemsee und im 10. Jahrhundert jenes auf der Klosterinsel in Seeon. In römischer Zeit führte die Via Julia, die Augsburg mit Salzburg verband, beim heutigen Seebruck über die Alz. An diesem wichtigen Übergang entstanden die römische Siedlung und das Kastell Bedaium. Vom Felsen aus, auf dem heute die Kirche steht, bewachte das Kastell den Übergang. Das **Römermuseum Bedaium** informiert über diese Zeit und in der benachbarten **Heinrich Kirchner Galerie** kann man Werke des bekannten Künstlers bewundern, auf dessen Skulpturen man auf den Radrunden rund um Seebruck immer wieder trifft. Seebruck begeistert natürlich auch durch seine Lage am Nordende des Chiemsees. Von hier hat man einen herrlichen Blick über das Bayerische Meer zu den Chiemgauer Alpen. Und im Sommer sorgen zahlreiche **Wassersportmöglichkeiten** ebenso für Abwechslung und Erholung wie die herrlichen **Badeplätze** am sonnenverwöhnten Ufer des Chiemsees.

HERRLICHE BADEMÖGLICHKEITEN gibt es rund um den Chiemsee. Besonders schön liegt allerdings das Strandbad von Seebruck südlich des Dorfes auf einer Halbinsel, von der man einen wundervollen Blick über den See auf die Chiemgauer Berge hat (seeon-seebruck.de).

STILVOLL SPEISEN mit Seeblick kann man in Seebruck im Restaurant Hafenwirt. Auf der großen Gastterrasse kann man Chiemsee-Hafen-Flair genießen (hafenwirt.de).

11

VON SEEBRUCK NACH NORDEN – NATUR UND KULTUR AN DER ALZ

Wir beginnen die Tour in **Seebruck** am westlichen Ende der Alzbrücke und radeln auf der Römerstraße geradewegs durch das Ortszentrum. Am Ortsrand geht es geradewegs auf den Radweg und an der Landstraße entlang zu einer Wegkreuzung. Hier fahren wir rechts über die Straße nach Burgham.

Beim Gasthaus Roiter hilft eine kleine Fähre über die Alz.

Auf einer ehemaligen Insel im Klostersee liegt Kloster Seeon.

ZUM KLOSTER SEEON

Dort radeln wir nach rechts und wenig später links auf einem Feldweg zur Landstraße. Hier geht es nach links und nach 300 Metern folgen wir links den Radwegweisern auf ein Kiessträßchen. Nach 900 Metern fahren wir nach rechts und geradewegs auf dem Hauptweg nach **Roitham** und kurz aufwärts zu einer Querstraße. Nach links geht es ins nahe Pavolding und weiter geradeaus, bis wir an einer Linkskurve rechts auf ein schmales Sträßchen abbiegen. An einer nahen Gabelung halten wir uns rechts und radeln zur Landstraße, der wir nach links bis zum Parkplatz am **Kloster Seeon** folgen.

DAS IM JAHRE 994 auf einer Insel im Klostersee gegründete Kloster Seeon war im Mittelalter ein bedeutendes Zentrum der Buchmalerei. Die wuchtigen Türme der Klosterkirche St. Lambert sind romanisch. Im 15. Jahrhundert wurde das Kirchenschiff mit wundervollem Netzgewölbe gotisch umgestaltet, die feine Ausmalung entstand im 16. und 17. Jahrhundert.

ÜBER DIE ALZ ZUM KLOSTER BAUMBURG

Wir fahren nach rechts zum Kloster Seeon und auf einem Steg über den See. Jenseits geht es kurz aufwärts und hinter einer kleinen Kirche auf dem Teersträßchen nach rechts. Wir halten uns nun stets rechts und kommen

In Stöffling wurde ein keltischer Gutshof rekonstruiert.

so ins Zentrum von **Seeon**, radeln kurz nach dem Rathaus auf der Vorfahrtsstraße nach links und nach 150 Metern rechts in die Truchtlachinger Straße. An der Kreuzung am Schulzentrum fahren wir nach links, nach kurzer Fahrt über die Kreisstraße und nun immer geradeaus ins Tal der Alz. An der Kreuzung nach der Höllthal-Mühle geht es geradeaus und nach gut einem Kilometer auf einer Querstraße rechts zum Gasthaus zum Roiter. Am Gasthaus überqueren wir mithilfe der kleinen Fähre die Alz und fahren jenseits nach links. Am Friedhof von Altenmarkt treffen wir auf eine Querstraße, an der wir uns rechts halten und steil hinauf zum **Kloster Baumburg** radeln. Das gemütliche Klosterbräustüberl lockt hier zu einem Zwischenstopp.

DIE MÄCHTIGE KLOSTERKIRCHE des Anfang des 11. Jahrhunderts gegründeten Augustinerchorherrenstiftes Baumburg wurde 1750 unter Einbeziehung der romanischen Türme neu erbaut und besticht durch ihre hochwertige Rokoko-Ausstattung.

ENTLANG DER ALZ ZURÜCK NACH SEEBRUCK

Wir folgen den Radwegweisern durchs Klostergelände und radeln geradewegs zur Landstraße. Auf ihr geht es rechts ins nahe Offling und kurz vor dem Ortsende rechts abwärts ins Tal der Alz. Nach zwei Kilometern erreichen wir wieder die Landstraße, der wir kurz nach rechts folgen, um dann nach links auf ein Kiessträßchen abzubiegen, das uns durch den Wald zu einer Vorfahrtsstraße bringt. Auf ihr geht es rechts nach Truchtlaching und auf der Hauptstraße nach links. Nach kurzer Fahrt biegen wir rechts in die Aubergstraße ein, gelangen nach wenigen Metern links in den Samermoosweg und fahren an seinem Ende rechts hoch nach Stöffling. Hier wurden bedeutende Funde aus keltischer Zeit gemacht. Kurz nach dem rekonstruierten keltischen Gutshof erreichen wir vor den ersten Höfen eine Kreuzung, an der wir uns rechts halten. Auf Teersträßchen geht es durch den Weiler und anschließend auf einem Kiesweg nach Seebruck. Wir halten uns rechts und haben so die **Alzbrücke von Seebruck** schnell erreicht.

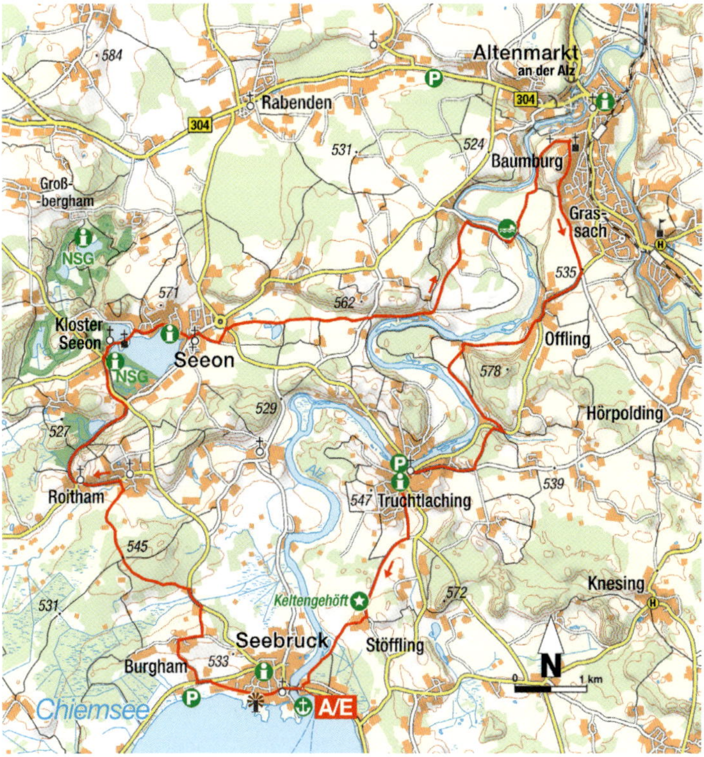

11

AM NORDUFER DES CHIEMSEES – VIELE KLEINE UND EIN GROSSER SEE

Wir beginnen die Tour in **Seebruck** am westlichen Ende der Alzbrücke und radeln auf der Römerstraße geradewegs durch das Ortszentrum. Am Ortsrand fahren wir auf den Radweg und an der Landstraße entlang zu einer Wegkreuzung. Hier geht es rechts über die Straße nach **Burgham**. Dort radeln wir nach rechts und wenig später nach links auf einem Feldweg zur Landstraße. Hier geht es nach links und nach 300 Metern links den Radwegweisern folgend auf ein Kiessträßchen. Nach 900 Metern fahren wir nach rechts und geradewegs auf dem Hauptweg nach **Roitham** und kurz aufwärts zu einer Querstraße. Links geht es ins nahe **Pavolding** und auf der Hauptstraße durch den Ort. Nach einer Linkskurve liegt direkt an der Straße der Fischerhof, das ehemalige Atelier des Bildhauers Heinrich Kirchner, an dem einige seiner Kunstwerke zu bewundern sind.

Rund um Seebruck findet man Kunstwerke von Heinrich Kirchner.

Der Rückweg führt am Nordufer des Chiemsees entlang.

ZUR EGGSTÄTTER SEENPLATTE

Wir folgen weiter der Hauptstraße und biegen 700 Meter nach dem Ortsende rechts in das Sträßchen am Karlswerk. Wir radeln auf der Kiesstraße geradewegs durch den Wald und treffen nach der Hammerschmiede auf eine Vorfahrtsstraße, die uns links ins nahe **Oberbrunn** führt. An der Kreuzung nördlich des Schlosses fahren wir geradeaus Richtung Eggstätt. In sanftem Auf und Ab geht es über den Weiler Eschenau zu einer Vorfahrtsstraße in **Meisham**. Auf ihr geht es links zu einer Kreuzung am Nordufer des **Hartsees**. Wir überqueren die Vorfahrtsstraße und folgen jenseits dem Radweg nach links. Nach kurzer Fahrt schwenkt er nach rechts und führt uns am Ufer des Hartsees entlang zur einladenden Badestelle am Ortsrand von **Eggstätt**.

Am Chiemseeufer locken zahlreiche Rastplätze und Badestellen.

WEITER ZUM CHIEMSEE

Wir folgen geradewegs dem teils schmalen Kiesweg, der am Hochufer des Hartsees nach Süden führt. Nach einigen Treppenstufen halten wir uns auf einem breiteren Weg rechts und treffen nach wenigen Metern auf den Weg, auf dem die Via Julia verläuft. Auf den nächsten Kilometern gibt sie uns den Weg vor. Wir folgen der guten Beschilderung nach rechts und halten uns an einer nahen Gabelung links. Wir radeln südlich am Einbessee vorbei und dann rechts haltend über ein Hügelchen. Die Via Julia führt uns zwischen **Schlosssee** und **Kautsee** hindurch. Nach einem Brückchen biegt der Weg nach links ab und an der folgenden Gabelung halten wir uns rechts. Auf einem steinigen Weg mühen wir uns nun aufwärts zu einem Wanderparkplatz an den Wiesen von Stephanskirchen.

Hier geht es links in das nahe Dörfchen **Stephanskirchen** und vom Ortsende links entlang der Kreisstraße nach **Hemhof**. Wir fahren geradewegs durch den Ort und überqueren am Ortsende die Landstraße. Auf einer schmalen Teerstraße geht es in sanftem Auf und Ab nach **Rimsting**. Dort treffen wir auf die viel befahrene Landstraße, die am Nordufer des Chiemsees entlangführt. Man könnte ihr hier nach links folgen. Schöner ist es jedoch, sie zu überqueren und auf einem teils recht schmalen Kiesweg an der Bahnlinie entlang hinab nach **Schafwaschen** zu radeln. Hier treffen wir auf den Chiemseerundweg, dem wir bis Gstadt folgen.

AM NORDUFER DES CHIEMSEES

Wir radeln nach links zur Landstraße und an ihr entlang auf dem Radweg rechts hinauf ins aussichtsreich gelegene **Hochstätt**. Nach dem Weiler biegen wir rechts auf ein Sträßchen und fahren vor einem Parkplatz scharf nach links. Die Radwegweiser leiten uns nun zum Chiemsee und stets so nahe wie möglich am Ufer entlang nach Osten. Im Zickzack wird auf schmalen Straßen die Halbinsel von Urfahrn abgeschnitten, wenig später passieren wir den Fähranleger von **Breitbrunn** und erreichen schließlich nach einem Vogelbeobachtungsturm **Gstadt**.

Am Ortsanfang radeln wir nach links kurz aufwärts zu einer Kreuzung im Dorf. Der Chiemseerundweg folgt der Hauptstraße rechts durch Gstadt und am Ortsrand können wir auf einen Radweg wechseln. Kurz vor dem herrlich gelegenen Landgasthof Schalchenhof leiten uns die Radwegweiser rechts zum Chiemseeufer hinab. Ohne Orientierungsprobleme geht es nun immer in Seenähe am Dörfchen Gollenshausen vorbei zurück nach **Seebruck**.

AUF EINEN BLICK

Info

STADT/REGION: Seeon-Seebruck am Nordufer des Chiemsees
BESTE REISEZEIT: April bis Oktober
TOURISTINFO: Tourist-Information Seebruck, Römerstraße 10, 83358 Seebruck, Tel. 08667/71 39, seeon-seebruck.de

AKTIV UNTERWEGS

RÖMERMUSEUM BEDAIUM: Das Museum dokumentiert die Geschichte der Region rund um Seebruck, die Jahrtausende in die Vergangenheit zurückreicht. Schwerpunkt ist die keltisch-römische Epoche. Ein archäologischer Rundweg, dem teils auch unsere erste Radtour folgt, führt zu den zahlreichen Zeugen der reichen Geschichte dieses Landstrichs (roemermuseum-bedaium.byseum.de).

ÜBERNACHTUNG

SEEHOTEL WASSERMANN: Ludwig-Thoma-Straße 1, Tel. 08667/87 10, chiemsee-hotel-wassermann.de
HOTEL GARNI CHIEMSEE PENSION SEEBRUCK: Römerstraße 25, Tel. 08667/169 50 36, chiemsee-pension-seebruck.de
CAMPINGPLATZ KUPFERSCHMIEDE: Trostberger Straße 4, 83339 Arlaching, Tel. 08667/446, campingkupferschmiede.de

VON SEEBRUCK NACH NORDEN

DAUER: 2.45 Std.
HÖHENMETER: 220 Hm auf/ab
LÄNGE: 32 km
SCHWIERIGKEIT: Mittel
AUSGANGS-/ENDPUNKT: Die Alzbrücke in Seebruck
TOURENCHARAKTER: Die Tour verläuft großteils auf ruhigen Nebenstraßen. Ein steiler Anstieg ist am Kloster Baumburg zu überwinden, die restliche Strecke führt in sanfterem Auf und Ab durch das Hügelland an der Alz. Vorsicht – die Alzfähre ist nur während der Öffnungszeiten des Gasthauses zum Roiter in Betrieb (Mi–So, Tel. 08621/73 87), die Räder müssen ins Boot gehoben werden!

Seebruck bietet zahlreiche Freizeitmöglichkeiten.

EINKEHR UNTERWEGS: Etwas ganz Besonderes ist für jeden Radler die kleine Alzfähre, mit deren Hilfe man kurz vor Ende der Tour den rauschenden Fluss überquert (Trinkgeld nicht vergessen). Der Fährbetrieb richtet sich nach den Öffnungszeiten des Gasthauses zum Roiter, in dem man auch eine weltabgeschiedene Einkehr findet. Der Wirt verwöhnt seine Gäste mit lecker-innovativen Gerichten aus regionalen Zutaten (geöffnet Mi–So, Tel. 08621/73 87, roiter.de).

AM NORDUFER DES CHIEMSEES

DAUER: 3.30 Std.
HÖHENMETER: 200 Hm auf/ab
LÄNGE: 40 km
SCHWIERIGKEIT: Leicht
AUSGANGS-/ENDPUNKT: Die Alzbrücke in Seebruck
TOURENCHARAKTER: Die Runde verläuft zum Teil auf wenig befahrenen Nebenstraßen, zum Teil auf unbefestigten Rad- und Wirtschaftswegen. Die erste Hälfte der Runde führt im Auf und Ab an zahlreichen Seen vorbei durch sanft gewelltes Hügelland, die zweite Hälfte folgt dem Nordufer des Chiemsees.
EINKEHR UNTERWEGS: Zu durchaus günstigen Preisen kann man in Eggstätt im Hartsee-Stüberl hervorragend einkehren. Ob Kuchen, Brotzeiten oder leckere Fischgerichte – alles schmeckt bestens mit Blick auf den malerischen Hartsee (hartseestueberl.de).

RUND UM DIE CHIEMGAU-METROPOLE

Traunstein

Rund um Traunstein bleiben die Berge stets im Blick.

12

Von Traunstein aus kann man ganz unterschiedliche Landschaften erkunden. Im Nordosten liegt in einem bewegten Hügelland der Waginger See, einer der wärmsten Badeseen im Alpenvorland. Und im Süden öffnen die Täler der Traun den Weg in die Chiemgauer Alpen.

Anfang des 14. Jahrhunderts erhielt Traunstein die Stadtrechte und kam durch den Handel mit dem Salz aus Bad Reichenhall schnell zu einigem Wohlstand. Die Gassen und Plätze wurden gepflastert und im Jahr 1523 wurde auf dem weiten Stadtplatz der **Lindlbrunnen** errichtet, der bis heute ein Wahrzeichen der Stadt ist. 1619 werden die weltweit älteste Pipeline, die **Soleleitung** von Bad Reichenhall nach Traunstein, und die Saline mit Sudhaus in Betrieb genommen. Beim großen Stadtbrand von 1852 wurde nahezu die gesamte Altstadt von Traunstein vernichtet. Mit Liebe zum Detail wurden in der Folgezeit die Häuser wieder aufgebaut und so strahlt heute der große **Stadtplatz** in historischem Flair. Als letzter Puzzlestein wurde nach historischen Vorlagen der **Jacklturm** rekonstruiert, der seit dem Jahr 2000 den Stadtplatz bewacht.

HUNGER UND DURST stillen kann man in Traunstein natürlich am schönsten auf dem weiten Stadtplatz. Mit dem Ayinger im Höllbräu, dem Bräustüberl vom Hofbräuhaus Traunstein und dem italienischen Restaurant Esposito stehen hier gleich drei empfehlenswerte Einkehrmöglichkeiten zur Auswahl.

ZUM WAGINGER SEE – AM WÄRMSTEN SEE OBERBAYERNS

An der Ostseite des Stadtplatzes von Traunstein lassen wir die Räder unter dem Jacklturm abwärtsrollen. Nun geht es geradeaus und bald über die Traun und die B 306. Nach der Brücke folgen wir den Radwegweisern Richtung Waging links über die Radlerbrücke, dann geht es nach links kurz steil aufwärts und geradewegs durch die Siedlung und unter der Eisenbahnlinie hindurch bis zur Landstraße, die nach Waging führt. Auf dem Radweg fahren wir nach rechts und nach 700 Metern wieder rechts über die Bahnlinie.

12

HINAUF NACH ST. LEONHARD

Nach einem Kilometer biegen wir rechts ab und folgen den Radwegweisern über Selberting und **Voitswinkl** zum Kirchlein von Egerdach. Am gotischen Gotteshaus ist ein über zwei Meter hoher römischer Meilenstein aus dem Jahre 201 n. Chr. zu bewundern. Jetzt fahren wir links nach **Egerdach** und rechts durch das Dörfchen zu einer Vorfahrtsstraße. Auf ihr radeln wir nach links und geradewegs nach **St. Leonhard am Wonneberg**.

WEITHIN SICHTBAR ist der barocke Zwiebelturm der 1496 erbauten gotischen Wallfahrtskirche von St. Leonhard am Wonneberg. Im neugotischen Hauptaltar sind hervorragende spätgotische Altarbilder integriert und sehenswerte frühbarocke Wand- und Deckenfresken zeigen biblische Szenen. Alljährlich am Sonntag nach dem 6. November führt ein Leonhardiritt von Waging am See nach St. Leonhard am Wonneberg.

Beim Kirchlein von Egerndach steht ein römischer Meilenstein.

In der herrlichen gotischen Kirche von St. Leonhard am Wonneberg

ZUM WARMEN BADESEE

Vor der Kirche radeln wir auf der Hauptstraße nach rechts. Im nahen Köpfelsberg folgen wir den Radwegweisern nach links in eine Nebenstraße, vor einer Brücke geht es nach links und bald steil abwärts zur Umgehungsstraße von Waging. Auf dem Radweg rechts gelangen wir zum nahen Kreisverkehr und durch zwei Unterführungen im Linksbogen zur Wilhelm-Scharnow-Straße, die uns rechts zum malerischen Marktplatz im Herzen von **Waging am See** führt.

Wir halten uns rechts, radeln auf der Seestraße an der Pfarrkirche vorbei und dann immer geradeaus zur Landstraße. Auf dem Radweg geht es nach links, dann bald rechts unter der Straße hindurch und zwischen Waginger See und Tachinger See geradewegs nach **Tettenhausen**. Nach einem kurzen Anstieg geht es links auf der Bichelner Straße hinauf nach **Bicheln**. Nach dem Weiler folgen wir den Radwegweisern nach links und danach geradewegs über einen bewaldeten Hügel zu einer Teerstraße, die uns links am Seebad Tengling und dem sehenswerten Kirchlein **St. Coloman** vorbei nach **Tengling** führt.

Ein schmaler Kanal verbindet den Waginger mit dem Tachinger See.

DURCH DAS STILLE HÜGELLAND

In Tengling radeln wir auf der Landstraße nach links, am Ortsende rechts in die nach Burg ausgeschilderte Nebenstraße und nach kurzer Fahrt links auf eine schmale Straße. Über **Schönhofen** gelangen wir geradewegs zu einer Vorfahrtsstraße, an der wir kurz nach links fahren und dann rechts in ein schmales Sträßchen einbiegen. Auf der Panoramastraße geht es immer geradeaus an Assing und Buchberg vorbei nach **Haunerting**. Hier fahren wir nach links und geradewegs hinauf nach **Holzhausen**.

Auf der Hauptstraße geht es nach rechts und am Ortsende links Richtung Tettelham. Nach dem Weiler **Hofbauer** biegen wir rechts auf einen Wirtschaftsweg, auf dem wir geradewegs nach **Straß** radeln. Wir folgen rechts der Kreisstraße nach **Kammer** und wechseln geradewegs auf die Vorfahrtsstraße, die abwärts durch den Ort führt.

ZURÜCK NACH TRAUNSTEIN

Ein Radweg bringt uns ins nahe **Rettenbach**. Dort biegen wir nach einem kurzen Anstieg im südlichen Ortsteil links in den Brunnenweg und radeln geradewegs aus dem Ort. Ein schmales Sträßchen führt durch die aussichtsreichen Wiesen. Kurz vor Lüfteneck biegen wir den Radwegweisern folgend links in eine Forststraße, radeln an den folgenden Kreuzungen geradeaus und halten uns nach eineinhalb Kilometern an einer Weggabelung neben einer Hütte links Richtung Landstraße. Wir überqueren die Straße, radeln kurz nach rechts und treffen auf den morgendlichen Hinweg, auf dem wir nach drei Kilometern wieder den **Stadtplatz von Traunstein** erreichen.

12

IN DIE CHIEMGAUER ALPEN – AN DEN QUELLFLÜSSEN DER TRAUN

Auf dem Traunsteiner Stadtplatz finden wir den Radwegweiser Richtung Siegsdorf, dem wir abwärts zur Traun folgen. Nun radeln wir auf dem Bodensee-Königssee-Radweg an der Traun flussaufwärts und erreichen nach fünf Kilometern kurz vor der A 8 einen Metallsteg, auf dem wir die Traun überqueren und geradeaus über den Parkplatz fahren. Wir halten uns links und fahren auf einem Kiesweg an der Roten Traun entlang unter der B 306 hindurch und weiter zu einer Kreuzung. Hier biegen wir links ab und gelangen zur Vorfahrtsstraße, auf der wir kurz nach rechts und danach geradewegs in eine Nebenstraße fahren, die bald unter der A 8 hindurch nach St. Johann führt.

IM TAL DER ROTEN TRAUN

In St. Johann überqueren wir die Vorfahrtsstraße geradewegs und gelangen so nach Heutau. Bis Ruhpolding folgen wir jetzt den Wegweisern des Mozart-Radweges. Über Hammer führt er uns stets nahe der Roten Traun auf Nebenstraßen und Kieswegen nach Niederachen. Wir treffen vor der Kirche auf eine Vorfahrtsstraße, auf der man nach links ins knapp einen Kilometer entfernte Inzell radeln kann.

◀ Festlich geschmückt für den Michaeliritt ▶ An der Kapelle von Oberhausen

Über ein Holzbrückchen wird die Weiße Traun überquert.

ÜBER DIE BERGE NACH RUHPOLDING

Wir folgen in Niederachen der Hauptstraße nach rechts, bis wir rechts auf die Froschseer Straße abbiegen können. Nun geht es steil aufwärts, an der Kapelle von **Oberhausen** rechts in ein schmales Sträßchen und auf einer Forststraße im Auf und Ab zum Ortsrand von **Ruhpolding**. Auf einer Vorfahrtsstraße radeln wir kurz nach links und dann rechts in eine schmale Teerstraße. Wir kommen am Golfplatz vorbei und über zwei Straßen geradewegs zum Ufer der Weißen Traun. Der Weg schwenkt nach rechts und bei erster Gelegenheit überqueren wir auf einem Holzbrückchen den Fluss. Am Westufer halten wir uns rechts und folgen dem Traun-Alz-Radweg flussabwärts. Nach einem Kilometer erreichen wir eine Teerstraße, auf der man links einen Abstecher in das Ortszentrum von Ruhpolding unternehmen kann. Sehenswert ist vor allem die barocke Pfarrkirche mit prachtvoller Rokoko-Ausstattung und der berühmten romanischen Madonna von Ruhpolding aus dem 12. Jahrhundert.

In Inzell kann man Ende September den Michaeliritt bestaunen.

ÜBER SIEGSDORF NACH TRAUNSTEIN

Nach dem Abstecher radeln wir über die Brücke zum rechten Ufer der Weißen Traun und biegen links in die Miesenbacher Straße. Sie führt bald steil aufwärts und auf schmaler Straße erreichen wir **Untermiesenbach**. Vor dem letzten Hof halten wir uns an der Gabelung links und lassen die Räder auf schmalem Sträßchen abwärtsrollen. Im Wald wechseln wir rechts auf die mit Radwegweiser ausgeschilderte Kiesstraße und fahren vorsichtig den steilen Berg zur Weißen Traun hinab. Im Auf und Ab radeln wir zu den Wiesen von **Hörgering** und folgen geradeaus dem Weg, der links am Dorf entlang zu einer Querstraße führt. Auf ihr geht es nach links und bald abwärts nach **Eisenärzt**.

Wir radeln auf der Hauptstraße ca. 150 Meter nach rechts, überqueren kurz vor dem Ortsende die Weiße Traun und biegen anschließend nach rechts in den Salinenweg. Wir folgend den Radwegweisern, die uns links der Weißen Traun nach **Höpfling** leiten. Dort geht es rechts über den Fluss und vor den Bahngleisen gleich wieder nach links. Wir treffen bald auf die viel befahrene Staatsstraße, fahren wenige Meter nach links und biegen dann rechts in die Bahnhofstraße, die uns am Bahnhof **Siegsdorf** vorbei zu einer Vorfahrtsstraße bringt.

Auf ihr geht es links zur nahen Hauptstraße, der wir nach rechts folgen. Nach kurzer Fahrt biegen wir links in die Marienstraße und an der folgenden Gabelung rechts in die Theresienstraße. Geradeaus gelangen wir zu einem Metallsteg, der uns über die Weiße Traun bringt und biegen nach dem Brückchen rechts in den schmalen Schwimmbadweg ein. Er führt über die Bahngleise, dann unter der Autobahn hindurch und am Siegsdorfer Freibad vorbei zu dem Metallsteg, an dem wir früher am Tag die Traun überquert haben. Wir bleiben jetzt aber am Westufer des Flusses und radeln auf bekanntem Weg im Tal der Traun zurück zum Stadtplatz von Traunstein.

AUF EINEN BLICK

Info

STADT/REGION: Traunstein
BESTE REISEZEIT: April bis Oktober
TOURISTINFO:
Tourist-Information Traunstein, Stadtplatz 39,
83278 Traunstein, Tel. 0861/655 00, traunstein.de

AKTIV UNTERWEGS

DEN GEORGIRITT UND DEN HISTORISCHEN SCHWERTTANZ kann man in Traunstein alljährlich am Ostermontag bestaunen. Der Georgiritt gilt als eine der schönsten Pferdewallfahrten in Bayern und die historischen Wurzeln des Schwerttanzes reichen bis ins 16. Jahrhundert zurück. Die beiden Feste sind eine wundervolle Mischung aus traditionellem Brauchtum in einheimischer Tracht und buntem Spiel in historischen Gewändern.

ÜBERNACHTUNG

PARKHOTEL TRAUNSTEIN: Bahnhofstraße 11, Tel. 0861/98 88 20, parkhotel-traunstein.de
ROSENHEIMER HOF: Rosenheimer Straße 58, Tel. 0861/98 65 90, rosenheimer-hof.de
SAILER KELLER: Herzog-Wilhelm-Straße 1, Tel. 0861/166 67 70, sailerkeller.de

ZUM WAGINGER SEE

DAUER: 4.15 Std.
HÖHENMETER: 450 Hm auf/ab
LÄNGE: 47 km
SCHWIERIGKEIT: Schwer
AUSGANGS-/ENDPUNKT: Der Stadtplatz von Traunstein
TOURENCHARAKTER: Bis auf kurze Abschnitte in einigen Ortschaften verläuft die Tour durchwegs auf verkehrsarmen Nebenstraßen oder verkehrsfreien, meist unbefestigten Rad- und Wirtschaftswegen. In der hügeligen Landschaft sind zahlreiche Anstiege zu bewältigen, die aber großteils nicht allzu lang und steil sind.

Am Traunsteiner Stadtplatz stehen einige Traditionswirtschaften.

EINKEHR UNTERWEGS: Eine wunderschöne Erholungspause kann man am Ortsrand von Tettenhausen am Ufer des Waginger Sees einlegen. Im Strandbad Restaurant genießt man bei leckerem Essen den Blick auf den See, in dem man sich natürlich auch abkühlen kann (strandbad-tettenhausen.de).

IN DIE CHIEMGAUER ALPEN

DAUER: 3.45 Std.
HÖHENMETER: 350 Hm auf/ab
LÄNGE: 44 km
SCHWIERIGKEIT: Schwer
AUSGANGS-/ENDPUNKT: Der Stadtplatz von Traunstein
TOURENCHARAKTER: Die Route verläuft auf wenig befahrenen Nebenstraßen und verkehrsfreien Rad- und Wirtschaftswegen. Zwischen Inzell, Ruhpolding und Hörgering sind einige längere und in kurzen Abschnitten auch steilere Anstiege zu überwinden, die übrige Strecke ist nahezu steigungsfrei.
EINKEHR UNTERWEGS: Am Ortsrand von Ruhpolding steht das Gasthaus Beim Häusler. Die Wirtschaft ist in einem ehemaligen Bauernhaus untergebracht, das auf eine über 400-jährige Geschichte zurückblicken kann. Mit der herrlichen Sicht auf den Talkessel von Ruhpolding und in die Chiemgauer Berge schmecken die Brotzeiten und die leckeren bayerischen Schmankerl nochmal so gut (beimhäusler.de).

IM STILLEN RUPERTIWINKEL

Laufen

Vor den Chiemgauer Bergen setzt sich die Kirche von Weildorf in Szene.

Von Laufen aus führen uns diese Touren abseits der gängigen Touristenrouten durch die bezaubernde Landschaft des Rupertiwinkels. Wir erkunden zwei Stadtschönheiten, entdecken versteckte Moore und warme Badeseen und genießen herrliche Alpenblicke.

Rupertiwinkel heißt das Gebiet rund um Laufen, das einst zum Fürstbistum Salzburg gehörte und erst im Jahre 1810 bayerisch wurde. Benannt ist es nach dem heiligen Rupert, dem ersten Bischof und Schutzpatron von Salzburg. Die malerische Landschaft ringsum wurde geprägt von den Gletschern der Eiszeit. Sie hinterließen ein sanft gewelltes Hügelland und die Mulden, in denen heute verlockende **Badeseen** und weltabgeschiedene **Moore** liegen. Diese teils nach Ende des Torfabbaus renaturierten Moore und Feuchtwiesen bieten heute einer Vielzahl seltener Pflanzen- und Tierarten ein neues Zuhause. Hier kann man mit etwas Glück vor allem im Frühjahr und im frühen Sommer vom Aussterben bedrohte Arten wie den Schwarzstorch, den Kiebitz oder die Bekassine beobachten.
Bis zum Anschluss an Bayern Anfang des 19. Jahrhunderts war Laufen dank des Salzhandels auf der Salzach eine der wichtigsten Städte im Salzburger Kirchenstaat. Vom einstigen Reichtum zeugt die **frühgotische Stiftskirche** mit wertvollen Altären und Bildwerken im weiten Kirchenraum. In der sehenswerten Altstadt sind zwei **Stadttore** und Reste der **Stadtmauer** erhalten. Den zentralen Marienplatz umringen alte Bürgerhäuser mit den typischen geschlossenen Fassadenfronten im sogenannten **Inn-Salzach-Stil**.

WUNDERVOLLE BADEMÖGLICHKEITEN bietet der Abtsdorfer See, dessen aussichtsreiches Nordufer zum Stadtgebiet von Laufen gehört. Im Strandbad am Campingplatz und am Freizeitgelände kann man in die Fluten eines der wärmsten Badeseen im Alpenvorland eintauchen.

EINE GEMÜTLICHE EINKEHR bietet die Laufener Braukuchl. In der kleinen Wirtschaft am Schlossplatz werden Gerichte aus lokalen Zutaten und das schmackhafte selbstgebraute Bier serviert (braukuchl.at).

13

ZWISCHEN LAUFEN UND SCHÖNRAM – DURCHS STILLE MOOR

Vom Marienplatz in der Altstadt von Laufen radeln wir durch das Stadttor zur B 20. Wir folgen der Bundesstraße nach rechts. Nach 250 Metern geht es links in die nach Waging ausgeschilderte Teisendorfer Straße und kurz nach der Bahnunterführung biegen wir rechts ab in die Lindenstraße. Am Ortsrand führt sie uns an einem malerischen Hof aus dem 17. Jahrhundert vorbei zu einer Gabelung, an der wir uns links halten, sodass wir durch Biburg fahren. Wir radeln an den folgenden Kreuzungen geradeaus, bis wir auf eine Querstraße treffen, die rechts Richtung Kirchanschöring ausgeschildert ist.

Blumenschmuck macht aus so manchem Hof ein Schmuckstück.

DURCH DIE FILZE NACH SCHÖNRAM

Nach einem Anstieg geht es geradewegs am Abzweig Richtung Pölln und Hof vorbei und 500 Meter weiter links in einen breiten Forstweg. Wir folgen jetzt immer geradewegs dem Hauptweg, überqueren eine Teerstraße und erreichen kurz vor der Landstraße einen großen Wanderparkplatz. Hier radeln wir rechts auf einen Forstweg und vorbei am Moorsee, der in einer ehemaligen Torfabbaugrube im Herzen des Schönramer Filzes liegt. Das unter Naturschutz stehende Schönramer Filz ist mit einer Fläche von 500 Hektar eines der größten Hochmoore im südöstlichen Bayern. Der Weg knickt nach links und bringt uns zur Landstraße, auf der wir rechts zur Brauerei in **Schönram** radeln.

DURCHS HÜGELLAND

Hier fahren wir auf der Hauptstraße nach links und nach 100 Metern rechts in das Sträßchen nach Englham. Bald geht es links nach **Offenwang** und dort links abwärts zu einer Vorfahrtsstraße, die geradewegs überquert wird. Durch **Reut** gelangen wir zu einer Pflasterstraße, auf der wir uns links halten und so wieder zur Landstraße kommen. Auf ihr radeln wir 100 Meter nach rechts, dann links zum Hof Mostwastl und rechts den Radwegweisern folgend nach Schign.

Im Haarmoos kann man seltene Wiesenbrüter beobachten.

AM ABTSDORFER SEE VORBEI NACH LAUFEN

Am Ortsrand biegen wir links ab Richtung **Moosen** und dort fahren wir nach links Richtung Abtsdorfer See. Bei **Leustetten** geht es auf der Querstraße nach links zu einer weiteren Querstraße, der wir nach rechts folgen. An der Kreuzung kurz vor dem **Abtsdorfer See** wenden wir uns links Richtung Haarmoos. Ein kurzer Anstieg führt uns auf einen Waldhügel und bald bietet eine Aussichtsplattform die Möglichkeit, im Haarmoos seltene Wiesenbrüter wie Wachtel und Kiebitz zu beobachten. Wir folgen weiterhin geradewegs dem Sträßchen, bis wir rechts auf den Seerundweg einbiegen können. Wir treffen auf eine Vorfahrtsstraße, auf der wir nach rechts fahren. Vorbei an Strandbad und Freizeitgelände am Abtsdorfer See radeln wir zu einer Kreuzung und folgen dem Radweg nach links, der uns geradewegs über **Oberheining** zurück nach **Laufen** führt.

13

AN DER SALZACH ENTLANG NACH TITTMONING – MIT BERGPANORAMA

Wir beginnen die Tour am Marienplatz im Herzen der Altstadt von Laufen. Von hier sind es nur hundert Meter zur historischen Metallbrücke, die Laufen mit dem österreichischen Oberndorf verbindet.

AN DER SALZACH ENTLANG NACH TITTMONING

Am Ende der Brücke biegen wir links in die Uferstraße. Der bestens ausgeschilderte Tauernradweg leitet uns nun immer nahe dem österreichischen Ufer der Salzach nach Norden, bis wir nach gut 20 Kilometern in Ettenau auf eine Teerstraße stoßen. Auf ihr geht es nach links über die Salzach und aufwärts zur B 20, auf der wir links durch das Burghauser Tor den Stadtplatz von Tittmoning erreichen.

ENDE DES 8. JAHRHUNDERTS wurde Tittmoning, das für die folgenden tausend Jahre zu Salzburg gehörte, erstmals urkundlich erwähnt. Sehenswert ist neben der gotisch-barocken Pfarrkirche vor allem der wundervolle Stadtplatz. Umgeben wird er von den Fassaden der im Inn-Salzach-Stil erbauten Bürgerhäuser und des prunkvollen Rathauses mit ihren horizontalen Giebelwandabschlüssen.

Über Tittmoning wacht die bestens erhaltene Burg.

13

DURCHS HÜGELLAND NACH FRIDOLFING

Wir überqueren den Stadtplatz und biegen nach dem Laufener Tor rechts in die Traunsteiner Straße. Nach kurzer Fahrt geht es links in den Zwieselweg und bald geradewegs auf einem Kiesweg zu einer Teerstraße. Auf ihr fahren wir rechts hinauf und nach 300 Metern nach links. Über **Linerding** und **Gramsam** radeln wir zu einer Vorfahrtsstraße, auf der wir kurz nach rechts fahren und dann links in eine Nebenstraße einbiegen, die uns zu einer Weggabelung bei Holzhausen bringt. Wir halten uns links und fahren vorbei am hübschen gotischen Kirchlein von **Hof** zu einer Vorfahrtsstraße, die wir nach kurzer Abfahrt erreichen. Auf ihr geht es links

Bunte Hausfassaden im Inn-Salzach-Stil in Tittmoning

nach **Pirach** hinauf und am Ende des Weilers rechts Richtung Allerfing auf eine schmale Straße. An einer ersten Kreuzung fahren wir geradewegs an Allerfing vorbei und an der folgenden links über Klebham ins nahe **Fridolfing**. Wir fahren geradeaus durch den Ort und biegen kurz vor der mächtigen Dorfkirche rechts auf die Rupertistraße, die uns zur vorfahrtsberechtigten Hadrianstraße führt. Auf ihr geht es 100 Meter links abwärts und dann rechts in die St.-Johann-Straße. Vorbei an einem bemerkenswerten gotischen Johannes-Kirchlein verlassen wir den Ort.

ZURÜCK NACH LAUFEN

100 Meter nach den letzten Häusern biegen wir links auf eine schmale Straße und halten uns nach weiteren 200 Metern an der nächsten Kreuzung rechts. Auf einem schmalen Panoramasträßchen radeln wir über einen sanften Hügelkamm nach **Muttering**. Kurz nach dem Weiler fahren wir auf der Querstraße nach rechts und an der nächsten Kreuzung links nach **Eberding**. Geradewegs überqueren wir die Hauptstraße und treffen nach 500 Metern auf eine Querstraße. Wir folgen ihr nach links und fahren am Weiler Hof mit dem sehenswerten Rupertiwinkler Bauernhofmuseum vorbei hinab zur Bahnlinie. Nach der Unterführung geht es nach links und durch **Pölln** zu einer Vorfahrtsstraße. Auf ihr radeln wir nach links und abwärts zu einer Kreuzung, an der wir links Richtung **Biburg** abbiegen. Kurz nach dem Weiler geht es rechts ins nahe **Laufen** und geradewegs zur vorfahrtsberechtigten Teisendorfer Straße, der wir links abwärts Richtung Stadtzentrum folgen. Wir treffen auf die breite Tittmoninger Straße, folgen ihr nach rechts und radeln nach 300 Metern links durch das Stadttor in die Altstadt und zurück zum nahen Marienplatz.

AUF EINEN BLICK

Info

STADT/REGION: Laufen im Rupertiwinkel
BESTE REISEZEIT: April bis Oktober
TOURISTINFO:
Tourist-Information Laufen, Rathausplatz 1, 83410 Laufen, Tel. 08682/89 87 49, laufen.bayern

AKTIV UNTERWEGS

MUSEUM RUPERTIWINKEL IN DER BURG TITTMONING: Über Tittmoning ragt die mittelalterliche Burg der Salzburger Erzbischöfe auf. In 25 im Originalzustand des 17. Jahrhunderts erhaltenen Räumen, zeigt das Museum Rupertiwinkel seine umfangreichen Sammlungen zu Vor- und Frühgeschichte (darunter nahe der Stadtkirche entdeckte römische Mosaikböden), Volkskunst und vieles mehr. Im Gerbereimuseum wird nicht nur die Geschichte der Lederverarbeitung beleuchtet, sondern Besucher dürfen auch selbst Hand anlegen (tittmoning.de).

ÜBERNACHTUNG

CAMPINGPLATZ ABTSDORFER SEE: Abtsee 15, Tel. 08682/95 68 78, strandbad-abtsee.de
HOTEL ZUMOXN: Tittmoninger Straße 19, Tel. 08682/695 31 04, zumoxn.de
HOTEL KAPUZINERHOF: Schlossplatz 4, Tel. 08682/95 40, kapuzinerhof.de
GASTHOF GREIMEL: Rottmayrstraße 2, Tel. 08682/371, gasthof-greimel.de

ZWISCHEN LAUFEN UND SCHÖNRAM

DAUER: 3 Std.
HÖHENMETER: 190 Hm auf/ab
LÄNGE: 35 km
SCHWIERIGKEIT: Mittel
AUSGANGS-/ENDPUNKT: Der Marienplatz in der Altstadt von Laufen

◀ Im Schönramer Filz ▶ Ein uralter Bauernhof am Ortsrand von Laufen

TOURENCHARAKTER: Die Tour verläuft teils auf verkehrsarmen Nebenstraßen, teils auf unbefestigten Rad- und Wirtschaftswegen in meist sanftem Auf und Ab durch das Hügelland westlich von Laufen.
EINKEHR UNTERWEGS: Am Südrand der Schönramer Filze liegt das Brauereidorf Schönram. Seit mindestens 500 Jahren besteht hier eine Wirtschaft und wohl ebenso lange wird hier schon Bier gebraut. Seit 1780 ist die Brauerei im Familienbesitz und im Biergarten oder im urigen Bräustüberl kann man sich mit alter Braukunst und bodenständiger Küche verwöhnen lassen (braeustueberl-schoenram.de).

AN DER SALZACHG ENTLANG NACH TITTMONING

DAUER: 4.15 Std.
HÖHENMETER: 200 Hm auf/ab
LÄNGE: 49 km
SCHWIERIGKEIT: Mittel
AUSGANGS-/ENDPUNKT: Der Marienplatz in der Altstadt von Laufen
TOURENCHARAKTER: Die erste Hälfte der Tour verläuft auf dem Tauernradweg, der auf unbefestigten Wegen dem Salzachufer folgt, ohne Steigungen nach Tittmoning. Der Rückweg führt in sanftem Auf und Ab auf Nebenstraßen durch das Hügelland westlich des Flusses.
EINKEHR UNTERWEGS: Nach einem Großteil der langen Runde hat man sich spätestens in Fridolfing eine Pause verdient. Im schattigen Biergarten vom Gasthaus Unterwirt wird man mit ausgezeichneten Gerichten aus heimischen Zutaten verwöhnt (gasthaus-unterwirt.de).

ORTS- UND SACHREGISTER

IMPRESSUM

Verantwortlich: Johannes Abdullahi
Redaktion und Lektorat: Christian Schneider
Layout: Silke Schüler
Umschlaggestaltung: Silke Schüler
Repro: LUDWIG:media
Kartografie: Bruckmann Verlag GmbH, Heidi Schmalfuß
Herstellung: Alexander Knoll

Printed in Slovenia by Florjancic

Unser komplettes Programm finden Sie unter

www.bruckmann.de

★★★★★

Sind Sie mit diesem Titel zufrieden? Dann würden wir uns über Ihre Weiterempfehlung freuen. Erzählen Sie es im Freundeskreis, berichten Sie Ihrem Buchhändler, oder bewerten Sie bei Onlinekauf. Und wenn Sie Kritik, Korrekturen, Aktualisierungen haben, freuen wir uns über Ihre Nachricht an Bruckmann Verlag, Postfach 40 02 09, D-80702 München oder per E-Mail an lektorat@verlagshaus.de.

Alle Angaben dieses Werkes wurden vom Autor sorgfältig recherchiert und auf den neuesten Stand gebracht sowie vom Verlag geprüft. Für die Richtigkeit der Angaben kann jedoch keine Haftung übernommen werden, weshalb die Nutzung auf eigene Gefahr erfolgt. Insbesondere bei GPS-Daten können Abweichungen nicht ausgeschlossen werden. Sollte dieses Werk Links auf Webseiten Dritter enthalten, so machen wir uns die Inhalte nicht zu eigen und übernehmen für die Inhalte keine Haftung.

In diesem Buch wird aus Gründen der besseren Lesbarkeit das generische Maskulinum verwendet. Weibliche und anderweitige Geschlechteridentitäten werden dabei ausdrücklich mitgemeint, soweit es für die Aussage erforderlich ist.

Empfehlung der Redaktion
Sie sind auf der Suche nach weiterführender Literatur? Dann empfehlen wir Ihnen den Titel »Oberbayern erfahren« von Bernhard Irlinger. Oder Sie werfen einen Blick in die Zeitschrift BERGSTEIGER. Hier werden Sie bestimmt fündig.

Bildnachweis: Alle Bilder im Innenteil stammen vom Autor.
Illustrationen: Shutterstock/Tiwat K: passim

Umschlagvorderseite: Idyllische Sommerlandschaft im Nationalpark Berchtesgadener Land (canadastock/shutterstock.com)
Umschlagrückseite: Weltkulturerbe in ländlicher Idylle – die Wieskirche

Die Deutsche Nationalbibliothek verzeichnet diese Publikation in der Deutschen Nationalbibliografie; detaillierte bibliografische Daten sind im Internet über http://dnb.d-nb.de abrufbar.

ISBN: 978-3-7343-2346-1